Walter Benjamin:
os cacos da história

Walter Benjamin:
os cacos da história
Jeanne Marie Gagnebin

© Jeanne Marie Gagnebin, 1982
© n-1 edições, 2018
ISBN 978-85-66943-62-7

Embora adote a maioria dos usos editoriais do âmbito brasileiro, a n-1 edições não segue necessariamente as convenções das instituições normativas, pois considera a edição um trabalho de criação que deve interagir com a pluralidade de linguagens e a especificidade de cada obra publicada.

COORDENAÇÃO EDITORIAL Peter Pál Pelbart
    e Ricardo Muniz Fernandes
DIREÇÃO DE ARTE Ricardo Muniz Fernandes
ASSISTENTE EDITORIAL Inês Mendonça
TRADUÇÃO Sônia Salzstein
PREPARAÇÃO Ana Godoy
REVISÃO Graziela Marcolin
PROJETO GRÁFICO Érico Peretta
ILUSTRAÇÕES/ORELHAS Hideki Matsuka

A reprodução parcial deste livro sem fins lucrativos, para uso privado ou coletivo, em qualquer meio impresso ou eletrônico, está autorizada, desde que citada a fonte. Se for necessária a reprodução na íntegra, solicita-se entrar em contato com os editores.

1ª reimpressão | junho, 2021

n-1edicoes.org

Jeanne Marie Gagnebin

Walter Benjamin:
os cacos da história

TRADUÇÃO **Sônia Salzstein**

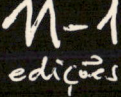

À memória de Luís Travassos,
que também deixou muitas esperanças a cumprir.

- 08 Prefácio à nova edição
- 14 Os anos do exílio
- 28 Judaísmo e materialismo
- 44 A verdade da crítica
- 62 Memória e libertação
- 82 Cronologia
- 86 Indicações de leitura
- 90 Bibliografia
- 98 Posfácio

Prefácio à nova edição

Quando esse pequeno livro foi publicado pela primeira vez, em 1982, na Coleção Encanto Radical da editora Brasiliense, o mundo e o Brasil eram outros. O Muro de Berlim não tinha caído, a ditadura militar não tinha acabado. No entanto, soprava um vento, talvez somente uma brisa, de protesto e de esperança que devia se tornar uma corrente de alegria e de coragem. No Brasil, sentia-se que mesmo os militares queriam deixar o poder; falava-se em novas formas de greve e de organização sindical, de partidos e de organizações de base.

Pouco conhecido na época, Walter Benjamin se tornou uma nova referência entre estudantes, professores, artistas. Seu destino marcado pelo exílio e pelo suicídio ajudou, sem dúvida, a uma identificação afetiva, bastante apressada, mas que proclamava que refugiados e exilados diziam uma verdade da qual não se podia fugir. O silêncio dos mortos e dos "desaparecidos" se transformou em um ruído cada vez maior. A esperança era que esse ruído se tornasse um grito que todos escutariam: que essas mortes não fossem em vão, mas anunciassem um novo devir que nos cabia realizar.

Esperança e exigência profundamente benjaminianas como a leitura das teses *Sobre o conceito de história*, último texto do autor, o mostra. Ao lado desse último esboço (em cartas, Benjamin diz claramente que não pensa em publicar as "teses" tais quais, porque, nessa sua forma, elas poderiam suscitar muitos mal-entendidos), dois outros textos foram fundamentais para a recepção de Benjamin no Brasil: *O narrador: considerações sobre a obra de Nicolai Leskow* e *A obra de arte na época de sua reprodutibilidade técnica*. O primeiro é uma tentativa de tipologia histórica dos vários gêneros literários e das diversas formas de comunicação, mostrando como a totalidade épica, ligada à memória oral e ao trabalho artesanal, necessariamente se desfaz no sistema capitalista e na produção industrial, na qual a aceleração tem um papel predominante. Próximo do ensaio de Lukács *A teoria do romance*, o texto de Benjamin também ressalta as transformações da memória e da experiência humanas que se dizem nessas transformações da narração. Descreve a forma do romance como a narrativa própria da solidão do indivíduo burguês e a informação jornalística como a forma da rapidez e da obsolescência ligadas à produção mercantil. Texto lido muitas vezes de maneira exclusivamente nostálgica (leitura com a qual não concordo), *O narrador* adquiriu no Brasil uma pertinência especial em virtude das inúmeras formas de vida e de narrativa que perduram juntas na imensidão do país, desde os repentistas nordestinos até a lírica de vanguarda ou os romances urbanos contemporâneos.

Quanto ao segundo texto, *A obra de arte na época de sua reprodutibilidade técnica*, um dos primeiros a ser traduzido no Brasil, sua importância se originou de uma renovação da estética marxista. Avesso tanto ao radicalismo de Adorno contra a "arte de massa" (a famosa tese da "indústria cultural" como forma de alienação) quanto ao realismo crítico do Lukács materialista, o ensaio de Benjamin oferece uma possibilidade de pensar práticas artísticas coletivas e efêmeras no cinema, no teatro, na música, na dança, nas artes plásticas e mesmo na escrita.

Hoje se sabe que existem quatro versões diferentes (três alemãs e uma francesa) desse texto, sendo que a "segunda versão" só foi encontrada no Arquivo Horkheimer, em Frankfurt, no fim dos anos 1980 e publicada em 1989. Essa versão, censurada por Adorno e Horkheimer, desenvolve uma teoria nova da *mímesis* como prática lúdica e inventiva, apostando em novas formas de arte — e de ensino. Ela reforça mais ainda o caráter de investigação e ousadia do pensamento de Benjamin. Já foi vertida para português com notas explicativas de Francisco P. Machado, pela editora Zouc.

Tal exemplo demonstra, se ainda for necessário, que Benjamin, no Brasil, se tornou nesses últimos 35 anos que separam a primeira da segunda edição desse pequeno livro um... clássico! Será? Ele é muito citado, o que pode ser mais um indício de modismo do que de outra coisa. Objeto de inúmeros trabalhos, acadêmicos ou não, também foi muito traduzido, sobretudo depois que caiu em domínio público em 2010, isto é, setenta anos após sua morte.

Às vezes, receio ter contribuído para tal sucesso. Preferiria, confesso, uma fama menor, mas uma maior radicalidade em tantas interpretações muitas vezes algo melancólicas e complacentes. Pois os ventos de esperança, no Brasil e no mundo, parecem ter parado de soprar. Milhares de migrantes e refugiados morrem antes mesmo de atingir qualquer fronteira; o Mediterrâneo se tornou um gigantesco cemitério de anônimos. No Brasil exaurido, muitos pensam que uma nova ditadura poderia ser a solução ao caos e à corrupção. Nesse contexto, os "cacos da história" talvez possam ter mais um sentido: lembrar que temos em mãos restos, rastros, cacos, pedrinhas, preciosas ou não, que podemos usar como balizas provisórias na exploração dos territórios desconhecidos do presente. E também, quem sabe, como elementos de resistência contra a assim chamada racionalidade da concorrência, do lucro acelerado e autossuficiente. Como se a vida se resumisse a abrir uma nova *startup* e a espezinhar os outros: amigos, vizinhos, colegas, imigrantes, miseráveis, mesmo ricos, quando ameaçam.

Podemos treinar outras formas de ordenamento, outras formas de vida e de experiência contra a saturação dominante — esta última parece não tolerar nenhuma rachadura e, por isso, se revela cruel, mas também frágil. E podemos nos lembrar de Odradek, essa figura de Kafka feita de detritos inúteis, esse estranho ser vivo de fio e madeira que mora embaixo da escada da casa e que, às vezes, desaparece não se sabe onde — mas sempre volta. Odradek ameaça a ordem do *Hausvater*, pai de família e pai da casa. Em sua leveza e estranheza, ele é a figura da desintegração dessa ordem familiar que também é desordem abissal.

E já que escrevo esse pequeno prefácio em Paris, 50 anos depois de Maio de 68, gostaria de concluir com essas palavras de Michel de Certeau, incansável historiador viajante, que foi um dos primeiros franceses a denunciar, no jornal *Le Monde diplomatique*, em 1976, a tortura no Brasil. Falando dos "acontecimentos" de Maio de 68 na França, Certeau se recusa a decidir, com a pretensão de um saber pseudo-histórico ou pseudofilosófico, se eles foram revolucionários ou não. E afirma:

> Um acontecimento não é aquilo que podemos ver ou dele saber, mas aquilo que ele vem a ser (e, primeiramente, para nós). Essa opção somente se compreende no arriscar, e não pela observação.[1]

Levar a sério a reflexão de Benjamin também é, diria eu, um risco e um devir.

Jeanne Marie Gagnebin, Paris, junho de 2018.

---

1 "Un événement n'est pas ce qu'on peut voir ou savoir de lui, mais ce qu'il devient (et d'abord pour nous). Cette option ne se comprend que dans le risque, et non par l'observation". Michel de Certeau. *La prise de parole et autres écrits politiques*. Paris: Seuil, 1994, p. 51. (Coll. Essais) [Trad. da autora].

CAPÍTULO 1
Os anos do exílio

Alguns meses após a morte de Walter Benjamin, a pensadora política Hannah Arendt tentou localizar seu túmulo no cemitério de Portbou, cidade fronteiriça entre a Espanha e a França, onde ele havia se suicidado na noite de 26 para 27 de setembro de 1940. Ela encontrou o cemitério que domina o mar; do nome de Benjamin, nenhuma marca. Anos depois, entretanto, como numerosos visitantes indagassem onde Benjamin havia sido enterrado, o guarda do cemitério começou a levar os turistas a um túmulo improvisado, arranjando, assim, um pouco de dinheiro em troca de uma informação fictícia (desde 1994, existe um belo monumento do escultor Dani Karavan em homenagem a Benjamin com uma passagem em forma de túnel que desemboca sobre o mar).

Essa história grotesca e macabra que G. Scholem, velho amigo de Benjamin, conta no final de seu livro de memórias poderia servir de alegoria: na ausência de um lugar preciso onde situar a própria existência de Walter Benjamin, os que lhe sobreviveram continuam a se debater sobre um túmulo erigido para defender interesses divergentes. Alguns fazem de Benjamin um materialista otimista, que celebraria o fim da arte tradicional em proveito de uma união entre arte e técnica (a partir da interpretação do ensaio *A obra de arte na época de sua reprodutibilidade técnica*); outros, particularmente Adorno e seus discípulos, consideram-no um observador de gênio mas um dialético medíocre, incapaz de uma verdadeira reflexão teórica; outros, enfim, veem-no como um teólogo e um místico judeu, perdido nos caminhos do marxismo pelo medo da solidão e pelos encantos de uma mulher, Asja Lacis (interpretação de Scholem).

Este pequeno livro não pretende alcançar uma síntese objetiva de pontos de vista opostos; ele visa mostrar o quanto a vida e a obra de Benjamin são tributárias daquilo que eu definiria como um *fracasso exemplar*. Fracasso porque Benjamin nunca "obteve êxito", nem em seus amores, nem em sua carreira profissional, e porque suas obras constituem, de acordo com suas próprias palavras, "pequenas vitórias" e "grandes derrotas"; mas fracasso exemplar porque ele testemunha, de maneira lúcida e candente, não somente a dificuldade de um intelectual — sobretudo judeu — para sobreviver ao fascismo sem se renegar, como também as insuficiências, ao mesmo tempo práticas e teóricas, do movimento político que teria de resistir o mais eficazmente ao fascismo, do movimento comunista da III Internacional, e da socialdemocracia alemã sob a República de Weimar. Parece-me, portanto, que Benjamin nos deixa antes uma tentativa e uma exigência de reformulação teórica — da teoria marxista em particular — do que um corpo de doutrina positivo e sem ambiguidades.

O suicídio de Benjamin, em setembro de 1940, é a execução de um gesto no qual ele havia pensado muitas vezes. Em Marselha, na véspera de sua partida para Portbou, ele havia, casualmente, encontrado o escritor Arthur Koestler, que também fugia dos alemães, e partilhara com ele seus cinquenta tabletes de morfina. Os sete últimos anos da vida de Benjamin constituem-se numa fuga sem trégua da perseguição política e também numa luta perpétua pela sobrevivência material. Quando Benjamin deixa Berlim, em 18 de março de 1933, três semanas após o incêndio do Reichstag pelos nazistas e a onda de prisões que se seguiu (na noite do incêndio, mais de dez mil oposicionistas de esquerda foram presos), ele não possui nenhuma fonte estável de ganhos. O poder crescente do partido nazista fez com que os meios de comunicação de massa renunciassem a seus colaboradores de esquerda ou (e) de origem judaica. Benjamin, que trabalhava regularmente para diversas revistas e para a rádio, conta somente com uma promessa de trabalho bastante vaga do Instituto de Pesquisa Social (Institut für Sozialforschung). Esse Instituto, embrião da futura Escola de Frankfurt, havia sido fundado em 1921 por um rico comerciante de grãos em homenagem a seu filho, estudante de ciências sociais na Universidade de Frankfurt. Durante o nazismo, e depois, durante a guerra, estabelecera-se inicialmente em Genebra, na Suíça, e finalmente em Nova York. Devido a uma política de investimentos judiciosa — isto é, segundo as normas capitalistas do sucesso! —, ele experimentou apenas moderadamente a crise financeira geral, podendo assim conservar certos membros colaboradores como uma espécie de bolsistas. As relações entre Benjamin e o Instituto, principalmente com seus diretores, Horkheimer e Adorno, são fundamentalmente as de um bolsista que depende de uma fundação privada e da disposição desta em aceitá-lo. Essas relações suscitaram muitas polêmicas na República Federal Alemã, na medida em que Adorno foi o controvertido editor da primeira seleção de textos de Benjamin, publicada após sua morte, e, juntamente com Scholem, de uma coletânea de cartas. A admiração, a amizade recíproca mesmo, foi, é certo, profundamente alterada pela relação de dependência de Benjamin para com Horkheimer e Adorno, mais jovens que ele, mais à vontade numa teoria dialética do social, e também do ponto de vista financeiro. O exílio de Benjamin é pontuado por frequentes pedidos de manutenção, renovação e aumento da contribuição que o Instituto lhe envia a cada mês. Benjamin se vê, por exemplo, na obrigação de explicar — após a tomada do poder pela Frente Popular em 1936, a grave crise financeira e a desvalorização do franco que se seguiram — que o mínimo de que necessita são 1.300 francos por mês, soma que a bolsa fornecida pela entidade não cobre. Para justificar um pedido de suplementação, chega a estabelecer um relatório detalhado de suas despesas:

DESPESAS CORRENTES

ALUGUEL (INCLUSOS: MANUTENÇÃO, TELEFONE E ZELADOR)*... 480
ALIMENTAÇÃO 720
MANUTENÇÃO DO VESTUÁRIO 120
DESPESAS SECUNDÁRIAS (HIGIENE, CAFÉ, SELOS ETC.) 350
TRANSPORTE 90
TOTAL (EM FRANCOS) 1.760

DESPESAS EXTRAORDINÁRIAS

TERNOS (UM POR ANO) 50
SAPATOS (DOIS PARES POR ANO) 25
LAVANDERIA 25
CINEMA, EXPOSIÇÕES, TEATRO, ASSISTÊNCIA MÉDICA 50
TOTAL (EM FRANCOS) 150

* "Moro num cômodo em casa de imigrantes alemães. Graças a algumas aquisições — cortinas, esteira, colcha —, ele foi arrumado de tal modo que ocasionalmente posso receber conhecidos franceses."

Esse relatório, datado de 1937, mostra as condições em que Benjamin precisou trabalhar durante os sete últimos anos de sua vida. Quando esta se tornava muito cara em Paris, ele ia passar algumas semanas em Ibiza (a pequena ilha espanhola não havia ainda sido descoberta pelos turistas), ou em San Remo, onde sua ex-mulher tinha uma pensão, ou ainda com Brecht na Dinamarca. A essa instabilidade material e domiciliar somam-se problemas de saúde, que só vieram a se agravar. Benjamin teve muitos ataques de malária, doença contraída provavelmente em Ibiza, no ano de 1933; além disso, sofria do coração e andava com dificuldade, devendo repousar frequentemente: sua produção intelectual só poderia se ressentir diante de tal situação. Ele escreveu dois ensaios por encomenda do Instituto. O ensaio sobre Eduard Fuchs — historiador e crítico de costumes contemporâneo, conhecido por seus trabalhos sobre a moda e sobre a caricatura — fora iniciado contra a vontade em 1934 e terminado em 1937, sem entusiasmo e após numerosas dificuldades. Ainda por solicitação do Instituto, redigiu as duas versões de seu ensaio sobre Baudelaire: *A Paris do Segundo Império na obra de Baudelaire*, texto duramente criticado por Adorno em nome da entidade, que se recusou a publicá-lo,[1] e então uma segunda versão, *Alguns temas da obra de Baudelaire*, que desta vez foi aceita. Um outro ensaio, *A obra de arte na época de sua reprodutibilidade técnica*, teve também de ser reformulado antes de ser impresso na revista do Instituto em 1936 (a versão francesa do ensaio; a alemã só seria publicada em 1955). Esses dois últimos ensaios fazem parte da obra principal de Benjamin, na qual ele havia trabalhado desde 1927 e que permaneceu inacabada — *Paris, a capital do século XIX* ou ainda *Trabalho sobre as passagens* (*Passagenarbeit*), designação das galerias cobertas que o século XIX tanto apreciava, verdadeiros templos da ociosidade e do consumo. Esta obra, que Benjamin inclui entre as "ruínas" que constituem sua carreira de escritor, pretendia ser uma grande arqueologia da época moderna, vista através do tipo de enfoque do triunfo da burguesia, de

[1] Cf. carta de Adorno de 10.11.1938.

seu culto à mercadoria e de sua fé no progresso, triunfo que os revolucionários de 1948 e da Comuna haviam pago com a vida. Ao mesmo tempo, esse estudo histórico-filosófico pretendia esclarecer as condições de produção da arte moderna em oposição às da arte anterior e explicar uma censura que Benjamin reconhece na poesia baudelairiana. Sempre adiado, esse projeto — certamente o mais ambicioso de Benjamin — não pôde se concretizar. Aliás, como poderia, se seu autor tinha de passar de um artigo a outro, de uma língua a outra, de um país a outro? Ao lado desses ensaios sobre Baudelaire e sobre a reprodutibilidade da obra de arte, possuímos, entretanto, ainda outro ensaio, preciso e póstumo, ligado ao complexo do *Trabalho sobre as passagens*; trata-se das teses *Sobre o conceito de história*, texto que deveria constituir-se numa espécie de introdução teórica à obra toda. Segundo o testemunho de Scholem, Benjamin escreveu as teses sob o impacto do tratado de não agressão entre Stalin e Hitler de 23 de agosto de 1939. Se o pacto não provocou a Segunda Guerra, como uma historiografia anticomunista se compraz em afirmar, se ele realmente foi fruto não só da pressão alemã, mas também das hesitações da política franco-inglesa em relação à URSS, não resta dúvida de que iria precipitar a partilha da Polônia e o início de uma guerra prestes a eclodir. Diante da sua divulgação, uma campanha anticomunista deveria desencadear-se, especialmente na França, onde o Partido Comunista foi dissolvido em 26 de setembro. Para a oposição de esquerda ao fascismo, o pacto significou uma crise de confiança na capacidade e na vontade de resistência dos comunistas. Para Benjamin, judeu de esquerda no exílio, significou o começo do fim: o fim de uma esperança ainda viva na vitória contra a "catástrofe". Esta não tardou. Após o aniquilamento da Polônia, a rendição da Holanda e posteriormente da Bélgica, a França foi invadida pelo exército alemão em não mais que um mês. Em 14 de junho de 1940, as tropas alemãs entraram sem resistência em Paris, de onde o governo havia fugido. Em 22 de junho, o armistício era assinado entre Hitler e o governo do marechal Pétain. A partir de agosto de 1939 a situação dos exilados alemães na França mudou radicalmente. De refugiados, passaram a suspeitos. No dia seguinte ao tratado, todos aqueles com idade de 16 a 50 anos e do sexo masculino tiveram que se apresentar no Stade de Colombes, onde permaneceram vários dias sob a guarda da polícia. Em seguida, foram enviados a diversos campos de refugiados espalhados pelo interior do país. Benjamin, já bastante doente do coração, sofreu sensivelmente as más condições do internamento. De acordo com o testemunho de um de seus companheiros, internado também no "campo dos trabalhadores voluntários" próximo a Nevers, ele estava completamente esgotado física e psiquicamente. De maneira um tanto ridícula — mas será que não se tratava também de uma estratégia de sobrevivência? — tentou organizar uma revista literária feita pelos prisioneiros, para mostrar aos franceses a qualidade de seu nível intelectual. Benjamin chegou até a dar um curso de filosofia em troca de três *gauloises* por participante. Felizmente, no final de novembro ele foi liberado, graças aos esforços de seus amigos franceses, particularmente Adrienne Monnier e Jules Romain. De volta a Paris, escreveu as teses *Sobre o conceito de história*. Progressivamente mais enfermo, e sem condições financeiras para aquecer suficientemente seu quarto, Benjamin passou, durante o primeiro inverno da guerra, grande parte de seus dias acamado. Enquanto negociava com o consulado americano um visto para os Estados Unidos, pediu a Horkheimer que lhe conseguisse um lugar na universidade americana, o que facilitaria bastante a obtenção do documento. As tropas alemãs chegaram antes da resposta. Benjamin confiou seus manuscritos a Georges Bataille (que os escondeu na Biblioteca Nacional) e fugiu para o sul da França, ainda não ocupado pelos nazistas. Enquanto isso, Pétain concluía o armistício no qual uma das cláusulas estabelecia a rendição dos refugiados alemães à Alemanha. A partir de então, eles deixaram de receber visto de saída. Benjamin conseguiu, entretanto, obter um visto de urgência para os EUA e um de trânsito para a Espanha. Para sair da França, ele só tinha uma possibilidade: fazer a pé o caminho montanhoso até a cidade fronteiriça de Portbou, na Catalunha. Em 26 de setembro de 1940, um pequeno grupo de refugiados, entre eles Benjamin, empreendeu a viagem, que durou um dia inteiro e deve ter-se constituído numa tortura para alguém doente do coração. À noite, quando chegaram, funcionários aduaneiros explicaram aos fugitivos que a fronteira acabara de ser fechada, e que a partir de então os vistos de trânsito não mais eram reconhecidos: eles deveriam retornar, o que significava serem entregues aos alemães. Tiveram ainda permissão para passar a noite no posto da fronteira. Benjamin consumiu os tabletes de morfina que trazia consigo e morreu pela manhã. Seus companheiros foram então autorizados a cruzar para a Espanha.

Seu último texto, as teses *Sobre o conceito de história*, é ao mesmo tempo uma síntese de todo o seu pensamento e o testemunho ansioso de um exilado no limiar da Segunda Guerra. Em uma de suas últimas cartas, ele menciona a importância epistemológica e crítica desse texto, que representa, na verdade, a tentativa de elaborar uma concepção de história, afastada tanto da historiografia tradicional da classe dominante, como da historiografia materialista triunfalista. Problemática tragicamente política, num momento em que o nazismo vence em todas as frentes sem ter que temer a resistência comunista. Benjamin não faz qualquer crítica explícita ao Partido Comunista Alemão ou à teoria de Marx como tal. Bem ao contrário, ele cita Marx para reforçar sua própria crítica à socialdemocracia (Tese XI). Para ele não se trata, realmente, de denunciar a insuficiência essencial de uma teoria marxista da história, como gostariam alguns de seus intérpretes, particularmente seu amigo G. Scholem. Trata-se, antes, de resguardar o elemento crítico e revolucionário dessa teoria, do dogmatismo e do quietismo dos partidos estabelecidos. Se somente a socialdemocracia é nomeada, não resta dúvida de que a crítica de Benjamin possui amplitude maior: ela se dirige a toda concepção da história que, sob a capa do materialismo, propaga um determinismo ingenuamente otimista. A crença no progresso, inscrita na base da prática e da teoria pretensamente "progressistas" da social-democracia alemã, é, portanto, o alvo privilegiado da crítica benjaminiana. A teoria socialdemocrata assimila o progresso da humanidade estritamente ao progresso técnico, como se a técnica, como tal, independentemente de seu uso, significasse já um avanço no caminho da libertação, como se o desenvolvimento das forças produtivas conduzisse necessariamente a um aperfeiçoamento das condições de vida dos produtores (Tese XI). Ao invés de lançar a questão da organização social das relações de produção, a teoria socialdemocrata absolutiza o trabalho como valor revolucionário e constrói uma oposição tão otimista quanto falsa entre a exploração técnica da natureza e a libertação do proletariado (ainda Tese XI). A questão política essencial, isto é, quem decide sobre o processo de trabalho e o progresso técnico e segundo quais objetivos, é assim escamoteada. A marcha da história segue as mesmas leis que a evolução das espécies naturais; do mais simples ao mais complexo, da célula isolada ao *Homo sapiens*. Em seu ensaio sobre E. Fuchs, Benjamin observa que a influência de Darwin foi tão importante na formação da consciência operária do século XIX quanto a crítica da economia política de Marx. Darwin e Marx foram festejados como os fundadores de uma doutrina materialista científica em oposição à metafísica e à religião. A teoria socialdemocrata torna sua essa imagem do processo e do desenvolvimento histórico, e assim substitui a necessidade da luta pela observância da evolução. Ao mesmo tempo, a revolução é compreendida como um acontecimento garantido pelo curso natural da história; seria da mesma maneira falso querer evitá-la e querer provocá-la:

> Sabemos que nossos objetivos só podem ser alcançados por meio de uma revolução, mas sabemos também que fazê-la depende tão pouco de nosso poder quanto impedi-la depende do poder de nossos adversários. É por isso que não nos ocorre absolutamente pretender provocar ou preparar uma revolução,

dirá Kautsky, um dos mais importantes teóricos socialdemocratas, em 1920.

Essa certeza de caminhar no sentido da história conduziu a uma dupla consequência prática: a luta contra o comunismo, que pretendia precipitar a revolução, e a ausência total de preparação para compreender um fenômeno como a ascensão do fascismo. O nazismo foi concebido como um movimento retrógrado, e por isso sem real importância; incompreensão semelhante, aliás, na análise dos teóricos comunistas, que tentaram explicar o fascismo como um dos últimos espasmos de um sistema capitalista moribundo. Em 1º de abril de 1933, pouco mais de um mês após o incêndio do Reichstag e da interdição dos partidos Social-Democrata e Comunista alemães por Hitler, uma resolução do comitê executivo do Komintern pretendia ainda que o estabelecimento da ditadura abertamente fascista, que aniquila todas as ilusões democráticas no seio das massas e as libera da influência da socialdemocracia, acelera o ritmo do desenvolvimento da Alemanha em direção à revolução proletária.

Os dois partidos de esquerda foram, portanto, incapazes de se opor eficazmente à ascensão do fascismo; mais que isso, cada um deles tendia a considerar o outro como seu principal inimigo, e assim recusar a unidade de ação na luta antifascista.

Pior ainda, a socialdemocracia alemã pode ser em boa parte tomada como responsável pelo fracasso da República de Weimar, não somente porque participou de numerosos governos, mas sobretudo porque se encarregou de confiscar o ímpeto revolucionário da classe operária em proveito da burguesia. Em 9 de novembro de 1918, na noite da revolução que derrubou o Império e proclamou a República, o chanceler socialdemocrata Ebert entrou em acordo com o Alto Comando do Exército para formar "um governo capaz de restabelecer a ordem". O acordo, concluído em 15 de novembro, entre o patronato e o socialdemocrata Lesien, presidente dos sindicatos, oficializou de fato certas vitórias da classe operária, mas não tocou na questão da propriedade das usinas, e nem chegou a mencionar os conselhos operários em formação. Enfim, em janeiro de 1919, será Noske, chefe da polícia socialdemocrata, quem esmagará os trabalhadores berlinenses insurgentes e mandará assassinar seus chefes, Rosa Luxemburg e Karl Liebknecht.

A socialdemocracia alemã é, assim, no julgamento severo de Benjamin, duplamente responsável pela vitória do fascismo. Ela acreditou que o nazismo fosse um fenômeno anacrônico e excepcional, sem compreender o quanto ele poderia servir aos interesses do capitalismo (Tese VIII), e, sobretudo, aliou-se à classe dominante para sufocar a resistência operária.

Tal prática, segundo Benjamin, possui sua base teórica numa concepção *teleológica* da história: a história se encaminha inexoravelmente em direção a uma meta preestabelecida e constatável "cientificamente". Nesse processo, cabe realmente à classe operária salvar a humanidade futura (Tese XII), mas ela não é mais o verdadeiro sujeito da história, que poderia também mudar-lhe o curso: o progresso substituiu a prática.

Karl Liebknecht, um dos líderes dos trabalhadores berlinenses rebeldes, morre assassinado por ordem do chefe da polícia socialdemocrata (gravura de Käthe Kollwitz).

A originalidade teórica de Benjamin consiste em não se contentar com a denúncia dessa visão determinista. Ele procura ir além, criticando a concepção de tempo que a sustém e que permite pensar o devir histórico independentemente da ação humana. Esse tempo linear, "homogêneo e vazio" (Tese XIII) deve ser questionado. Se, com efeito, as teses *Sobre o conceito de história* partem de uma crítica à prática da socialdemocracia alemã sob a República de Weimar, elas se abrem para um problema teórico muito mais vasto: como pensar o tempo da história? Como escrever a história, como fundar uma historiografia que não faça do presente o resultado previsível de um desenvolvimento necessário, mas saiba revelar o possível — o que foi um dia possível no passado, e o que é possível hoje? Para responder a essa questão, Benjamin elabora uma teoria da existência histórica que retoma não somente o tema político da história dos vencidos, mas também alguns temas da tradição messiânica judaica (Teses II, III, VI, B). Aqui tocamos em um problema espinhoso: a imbricação, em sua obra, de elementos teológicos e materialistas. Se de fato é possível distinguir as obras de juventude, mais claramente teologizantes (especialmente os primeiros ensaios sobre linguagem), das obras de maturidade, mais marxizantes (o ensaio sobre a reprodutibilidade da obra de arte; os ensaios sobre Brecht), não resta dúvida de que uma das constantes de Benjamin é passar do registro teológico ao materialista e vice-versa, com uma facilidade que desconcerta seus leitores. Em consequência, os comentadores tenderam a se dividir em dois campos: um deles considerando-o um materialista convicto e silenciando sobre os temas teológicos, ou interpretando-os metaforicamente, e o outro vendo-o como um místico que ignora a si próprio e esforça-se por iludir-se quando adota uma teoria marxista da libertação. Ora, se Benjamin, em seu último texto, recorre deliberadamente tanto à tradição messiânica judaica como à historiografia materialista e marxista, parece-me impossível aceitar qualquer interpretação que tente escamotear uma corrente de pensamento em proveito da outra. Devemos antes nos interrogar sobre as razões dessa simultaneidade. Um retorno à própria vida de Benjamin poderá esclarecer-nos.

CAPÍTULO 2
Judaísmo e materialismo

Como escreve Jürgen Habermas, não é por acaso que Benjamin preferiu manter seus amigos afastados uns dos outros.

Reunir para um tranquilo debate, digamos, Scholem, Adorno e Brecht a uma mesa-redonda, sob a qual estão agachados Breton e Aragon, enquanto Wyneken se detém na soleira da porta — eis uma ideia que somente uma cena surrealista poderia conceber.

Não somente os amigos de Benjamin eram os mais heterogêneos, como também chegavam a desconfiar da influência que cada um poderia exercer sobre ele. Assim, Scholem suspeita que Brecht e Asja Lacis tenham desviado Benjamin da metafísica e do judaísmo; Adorno supõe Brecht responsável pela falta de dialética e pelo materialismo um tanto cru de certos ensaios benjaminianos; Brecht, enfim, em seu diário, não pode se impedir de formular diversas objeções corrosivas sobre o Instituto de Pesquisa Social. De fato, cada um censura em Benjamin certas insuficiências teóricas e responsabiliza os outros por elas: ou ele não é suficientemente teólogo, ou suficientemente dialético, ou suficientemente materialista. Benjamin encontra-se, na verdade, lançado no interior de várias correntes de pensamento, tanto políticas como filosóficas (o que permitirá a uma das primeiras biografias publicadas sobre ele na Alemanha trazer como subtítulo: *Zwischen den Stühlen*).[1] O conflito mais significativo é certamente o que opõe o interesse de Benjamin pela teologia judaica à sua teoria materialista da produção cultural.

Possuímos uma descrição detalhada das relações de Benjamin com o judaísmo graças ao testemunho de G.

---

[1] Literalmente: "entre as cadeiras", expressão que designa a impossibilidade de decidir entre diversas alternativas possíveis.

Scholem, seu amigo de longa data, grande especialista em mística judaica, que foi professor na Universidade de Jerusalém. Esse testemunho não é isento de parcialidade, fato do qual, aliás, Scholem é perfeitamente consciente. Realmente, a história da relação de Benjamin com o judaísmo é em boa parte a de sua relação com Scholem, como este último iria observar com alguma tristeza. Antes de encontrar Scholem em 1915, Benjamin já havia mantido alguns contatos com o movimento sionista, então em plena ascensão e no qual ele sempre condenara "as inclinações agrícolas, a ideologia da raça e sua argumentação, no estilo de Buber, sobre o sangue e a experiência vivida". Em sua juventude, Benjamin participou ativamente de outro movimento bastante influente nos meios estudantis da época, a *Jugendbewegung*; inspirado nas ideias pedagógicas de Gustav Wyneken, um antigo pastor exonerado de suas funções. Esse movimento pretendia defender os valores espirituais da juventude contra a rigidez da educação prussiana e a esclerose da cultura tradicional. Do ponto de vista político, caracterizava-se por uma grande ambiguidade: seus ideais reformadores eram unicamente espirituais e centrados na educação — isolados, enfim, do resto da sociedade. Anos mais tarde, Benjamin iria sublinhar os limites dessa atitude que ignorava que "ninguém pode melhorar a escola ou a casa paterna, se não se destrói o Estado que necessita desta má escola e desta má casa". Além disso, a imagem do grupo de discípulos circundando seu guia espiritual devia aproximar perigosamente certos temas levantados pela *Jugendbewegung* das palavras de ordem do nazismo: vários de seus antigos membros posteriormente se tornaram hitleristas. Existia, entretanto, uma minoria mais ativa, mais à esquerda também, formada, aliás, essencialmente por judeus e que participou ativamente do movimento estudantil da época, organizou numerosos debates sobre temas político-culturais e publicou uma revista sob o nome promissor de *Anfang* [*Início*]. Benjamin era ligado a esse grupo, apesar de se opor à politização do movimento. Chegou mesmo a ser eleito presidente da Associação dos Estudantes de Berlim, em 1914. Nesse ano, entretanto, ele deveria romper com a *Jugendbewegung* e com Wyneken, quando este, ligado à fração majoritária da social-democracia, tomou partido pela Primeira Guerra. Desde seus tempos de estudante, a atitude política de Benjamin se caracteriza por um interesse muito vivo pela discussão e por uma desconfiança igualmente viva em relação à realização concreta dos ideais em questão.

Ele se opõe à esquerda socializante da *Jugendbewegung*, ainda que partilhando de sua crítica à sociedade burguesa; ao mesmo tempo, mantém longas discussões com Scholem sobre a teologia e a mística judaicas, mas permanece um adversário resoluto do sionismo. Suas hesitações irão manifestar-se durante toda a sua vida por meio da dupla relação com o marxismo e o judaísmo. Sua viagem sempre adiada à Palestina, sua hesitação quanto a uma eventual entrada no Partido Comunista ou mesmo, mais modestamente, em relação à teoria marxista exprimem claramente uma grande dificuldade para operar uma escolha à qual numerosos amigos o compelem. Essas resistências são evidentemente típicas de um "homem de letras", como o rotulará Scholem, com tudo o que esse conceito comporta de anacrônico. Ao mesmo tempo, elas testemunham com um senso agudo os perigos em que incorre um movimento político ao querer realizar a qualquer preço aquilo que define o objetivo último de sua luta, seja a sociedade sem classes ou a Nova Jerusalém. Benjamin suspeita dessa coincidência precipitada entre o "real" e o "utópico", que faz esquecer a dimensão *crítica* da ação política, a única, segundo ele, a justificá-la. Em outras palavras, ele se recusa a pensar que o Reino de Deus deva se concretizar na terra. No pequeno texto *Fragmento teológico-político*, datado dos anos 1920-21, ele recorre a essa figura do Reino para justamente criticar as correntes judaicas e sionistas de esquerda que, após a instauração da República de Weimar em 1918, atribuíam às lutas revolucionárias um potencial escatológico. Retomando os termos da mística judaica, que conhecia por intermédio de Scholem, Benjamin afirma que

> somente o próprio Messias conclui todo acontecimento histórico justamente ao liberá-lo de sua relação com o messiânico mesmo... É por isso que o Reino de Deus não é o *telos* da *dynamis* histórica; não se pode fazer dele um fim.

Benjamin insiste, portanto, na manutenção necessária de uma distância entre a ordem do político e a ordem transcendente da reflexão teológica (judaica) ou crítica (marxista), mesmo que essas duas ordens só possam ser concebidas conjuntamente.

Essa dialética se apresenta nas peripécias da longa amizade entre Scholem e Benjamin, de 1915 até sua morte em 1940. Essa amizade é marcada por um intercâmbio teórico intenso, balizado por longas discussões sobre as matemáticas, a filosofia de Kant, o romantismo alemão e o pensamento judaico em geral. Intercâmbio particularmente intenso nos anos 1918-19, quando Scholem reúne-se a Benjamin e sua mulher, Dora Sophie Pollak, então fixados na Suíça. Benjamin estava inscrito na Universidade de Berna e escrevia sua tese de doutorado; esperava, assim, escapar à guerra e sobretudo ao engajamento no exército alemão. É certo que a maior parte de seus conhecimentos sobre a teologia e a mística judaicas provém mais dessas longas conversas que de estudos pessoais aprofundados. Esses anos de contato quase cotidiano deveriam também fazer surgir uma intimidade maior. Scholem foi testemunha das desavenças entre Benjamin e sua mulher, de quem iria se divorciar em 1930, e também de seus conflitos incessantes com os pais, dos quais esperava um amparo financeiro permanente. No fim da guerra, Benjamin terminou seu doutorado (*O conceito de crítica de arte no romantismo alemão*) iniciando, então, sua tese de livre-docência, quando começa a pensar mais concretamente numa carreira universitária. Scholem renunciara ao estudo das matemáticas para se consagrar ao da mística judaica, particularmente dos manuscritos não publicados da Cabala. A partir dessas escolhas diferentes, seus caminhos irão se distanciar: Scholem emigrará para a Palestina no início de 1924, sem uma perspectiva certa, mas com entusiasmo; Benjamin permanece na Europa para escrever sua tese sobre o drama barroco alemão. Contra todas as previsões, é Scholem quem se tornará um respeitado professor na recém-criada Universidade de Jerusalém, enquanto Benjamin verá destruídas todas as suas esperanças acadêmicas e passará o resto da vida no exílio, sem dinheiro, como crítico e jornalista.

A partir de 1924, Scholem tentou insistentemente convencer seu amigo a ir para a Palestina. Em 1927, eles se reencontraram em Paris, onde Benjamin era correspondente literário de algumas revistas alemãs. Sua situação financeira era precária e suas perspectivas profissionais pouco encorajadoras, após o fracasso de sua tese de livre-docência em Frankfurt, onde foi aconselhado a não apresentá-la. Scholem organizou um encontro com o reitor da nova Universidade de Jerusalém, que estava em Paris por algumas semanas. Benjamin, como escreve seu amigo, teve que se preparar bastante para essa entrevista e causou a melhor impressão.

Explicitou suas relações com o pensamento judaico, principalmente os vínculos que uniam suas reflexões sobre a linguagem e sua prática de tradutor à especulação mística judaica sobre a linguagem e à língua hebraica como tal. Enfim, ele conseguiu convencer seus dois ouvintes de que estava pronto para passar um ano na Palestina, caso a Universidade de Jerusalém lhe fornecesse uma bolsa de estudos para aprender o hebraico, com a possibilidade de mais tarde vir a trabalhar na própria Universidade. Os anos de 1928 e 29 foram consagrados à realização desse projeto, que deveu seu fracasso exclusivamente às hesitações de Benjamin: retardando sempre sua partida, ele acabou por persuadir o reitor a lhe enviar o dinheiro da bolsa a Berlim, onde, como afirmava, deveria permanecer provisoriamente. Ele começou, de fato, a estudar o hebraico, mas depois de dois meses abandonou o curso. Suas cartas a Scholem mencionaram trabalhos em andamento com uma insistência cada vez maior, protelando sua viagem de dezembro para janeiro, depois para março, julho, e finalmente para o outono. Por essa época, o casamento de Benjamin chegava a termo, e na primavera de 1930 consumava-se seu divórcio, após um longo e penoso processo. Tendo recorrido, durante vários anos, à ajuda financeira da família da sua mulher, Benjamin foi obrigado a ceder-lhe antecipadamente sua parte na herança paterna. Numa carta a Scholem, de janeiro de 1930, enviada de Paris, escrita em francês, ele tentou explicar sua atitude. Referiu-se a seu divórcio, que o impedia de deixar a Europa, e à impossibilidade de aprender o hebraico enquanto lá permanecesse. Além disso, traçou um balanço bastante positivo de sua produção intelectual dos últimos anos, considerando-se "o primeiro crítico da literatura alemã" contemporânea. Julgamento tão otimista surge como exceção em sua obra; é que Benjamin atravessava um período de grande efervescência intelectual, certamente provocada por seu interesse crescente pelo marxismo. O final de sua carta o traía: ele só falava de seu novo trabalho sobre as *Passagens* de Paris, da necessidade que sentia de ler Hegel e *O capital*, de ler Gide, Jouhandeau, Green, e das disputas entre os surrealistas. Enfim, uma carta profundamente europeia, parisiense mesmo, bem pouco judaizante e que aliás terminava com a pergunta: "Quando você virá para a Europa?", ao invés de responder à questão implícita: "Quando irei para a Palestina?". Scholem não se deixou enganar por isso. Numa resposta dolorida, pediu a Benjamin que deixasse de iludir a si próprio e não tentasse fazer seus amigos crerem nessas ilusões, que tomasse posição quanto à importância do judaísmo em sua vida presente e futura e, se fosse o caso, assumisse seus interesses literários e políticos em relação à Europa. É o que, a partir de então, Benjamin irá fazer: os dois amigos não se reencontrariam jamais. Em 1932, Scholem fez uma curta viagem à Europa, mas Benjamin alegou dificuldades financeiras insuperáveis que o impediam de deixar a pequena ilha de Ibiza para ir revê-lo. Realmente, Benjamin vivia uma grave crise de depressão e chegou mesmo a pensar em suicidar-se na época de seu quadragésimo aniversário, em julho daquele ano, o que Scholem só veio a compreender mais tarde, quando tomou conhecimento de um testamento feito naquela época.

No livro sobre sua amizade, Scholem torna indiretamente Asja Lacis, a "amiga russa" de Benjamin, responsável pelo fracasso do projeto palestino; ela o teria, por assim dizer, desviado do judaísmo e da metafísica para arrastá-lo na voragem do materialismo. É verdade que, em seu livro de memórias, Asja menciona sua oposição virulenta aos projetos de emigração de Benjamin, e é verdade também que permaneceu em Berlim em dezembro de 1928 e janeiro de 1929, quando Benjamin juntou-se a ela, fato que precipitou seu divórcio. Ainda é certo que em 1924, após tê-la conhecido, Benjamin começou a se interessar mais pelo marxismo. Mas é igualmente certo que ele lia Bloch e Lukács desde os anos 1920 e que os numerosos contatos com Asja ou Brecht nunca o impediram de continuar a trabalhar com autores como Julien Green ou Kafka. Pelos testemunhos de Asja Lacis e Brecht, temos uma imagem inversa, mas complementar daquela fornecida por Scholem: como os comunistas convictos julgam seu amigo Benjamin, esse intelectual isolado, afastado da militância e do Partido? Essa amizade é sempre impregnada de admiração, mas também de certa impaciência, e mesmo incompreensão em relação a ele. Como Scholem, eles o censuram por não se decidir mais claramente — só que agora pelo marxismo e pelo comunismo, não pelo judaísmo! Surpreendem-se ainda com a ligação de Benjamin a certos temas do pensamento "burguês", e muito mais com as transformações que o pensamento marxista experimenta em seus escritos. Brecht, com quem Benjamin passara dois verões na Dinamarca durante a guerra, em 1934 e em 1938, irrita-se com a lentidão que seu amigo demonstra em adotar uma posição crítica mais militante em literatura... e em jogar xadrez! Brecht ataca e avança impetuosamente, Benjamin especula e tateia. Sob as árvores do pomar de sua casa, as partidas se eternizam a tal ponto que Brecht chega a propor a mudança das regras desse jogo milenar! As discussões teóricas também não são simples. Brecht reconhece a perspicácia de Benjamin, propondo até a edição de uma revista comum (projeto que se frustrará por falta de editor); ao mesmo tempo, as sutilezas e a preocupação pelo detalhe em seus ensaios parecem-lhe carecer de pertinência em relação à questão central da luta de classes. Seus escritos mais marxizantes não o convencem mais. Assim, Brecht observa, em seu diário de trabalho de 25.7.1938, a propósito do conceito de "aura" que Benjamin utiliza em seus ensaios sobre Baudelaire e sobre *A obra de arte na época de sua reprodutibilidade técnica* — este último geralmente considerado como seu texto mais materialista:

> Benjamin está aqui. Escreve um ensaio sobre Baudelaire. Há boas coisas, ele mostra como a representação de que a época por vir não possui mais história influi na literatura posterior a 48. [...] Ele parte de algo que chama de aura, e que tem a ver com os sonhos (os sonhos acordados). Ele diz: "quando sentirmos um olhar dirigido a nós, mesmo que pelas costas, nós o retribuímos" (!). A expectativa de que isso que olhamos devolva-nos o olhar cria a aura. Esta deve estar, nos últimos tempos, em desagregação, ligada à do próprio elemento do culto. Benjamin descobriu isso, ao analisar o cinema, onde a reprodutibilidade das obras de arte conduz à desagregação da aura. Tudo isso mística, mas com uma atitude antimística. É assim que a compreensão materialista da história é adaptada! Bastante espantoso.

Também Asja Lacis mantém agitadas discussões com Benjamin, que ela julga tímido e hesitante demais em suas opções marxistas. Membro convicto do Partido Comunista, essa jovem corajosa e entusiasta trabalhava no teatro militante e montou, principalmente, diversas peças para crianças dos meios proletários. De origem letã, participou da vida intelectual alemã — foi por seu intermédio que Benjamin, em 1928, conheceu Brecht e membros do Bund proletarisch-revolutionärer Schriftsteller (Federação dos Escritores Proletário-Revolucionários) em Berlim — e particularmente dos debates sobre o teatro revolucionário na URSS, onde vivia desde 1926 e onde iria, aliás, sob Stalin, passar dez anos em um "campo de trabalho". Suas relações com Benjamin são pontuadas pelas dificuldades de um amor certamente mais intenso da parte dele que da sua própria (ela continuou a viver com o diretor de teatro alemão Bernard Reich) e por conflitos frequentes relacionados à atividade literária de Benjamin, ainda um tanto ligado, segundo ela, à "estética idealista". Em sua autobiografia, Asja relata uma de suas primeiras conversas, em 1924, em Capri, onde eles haviam se conhecido:

> Ele estava mergulhado no trabalho *A origem do drama barroco alemão*. Quando me explicou que se tratava de uma análise da tragédia alemã do século XVII, que essa literatura só era conhecida por alguns raros especialistas e que essas tragédias jamais haviam sido encenadas, eu fiz uma careta: para que se ocupar de literatura morta? Ele se calou por um momento e depois disse: 'Primeiramente, eu introduzo uma nova terminologia na ciência, na estética [...]. Em segundo, [...] esse estudo não consiste numa simples pesquisa acadêmica, mas liga-se de maneira imediata a problemas bastante atuais da literatura contemporânea [...]'. Na época suas respostas não me satisfizeram. Perguntei-lhe se também via analogias entre a visão de mundo dos dramaturgos do barroco e a dos expressionistas, e quais interesses de classe elas exprimiam. Ele respondeu de maneira vaga, acrescentando em seguida que estava lendo Lukács e apenas começava a se interessar por uma estética materialista. Nessa ocasião, em Capri, eu não compreendi bem a conexão entre a alegoria e a poética moderna. Reportando-me a essa questão, eu percebo agora a acuidade com que Benjamin penetrou nos problemas modernos da forma.

Esse relato tão vivo é característico. Apesar das pressões de seus amigos comunistas, Benjamin se recusa e se recusará sempre, mesmo mais tarde, quando estará mais familiarizado com a teoria materialista, a julgar o valor de um texto, inclusive seu valor revolucionário, a partir das posições políticas e dos interesses de classe de seu autor. Seus ensaios sobre Baudelaire mostrarão, ao contrário, o quanto um autor politicamente conservador pode ser revolucionário do ponto de vista estético, quando sua obra é determinada pela contradição entre os limites formais impostos pela tradição e a consciência aguda da insuficiência que os caracteriza. Tais reflexões dificilmente eram admissíveis pela estética marxista da época, dominada pelo sociologismo de Plekhanov. Quando Benjamim teve a oportunidade de escrever o texto sobre Goethe para a *Grande enciclopédia russa*, os responsáveis soviéticos julgaram-no um tanto "radical"; em outras palavras, não suficientemente "sociológico", e o recusaram (em 1928, entretanto, Benjamin participará de sua redação juntamente com outros autores). Ele passou dois meses em Moscou, de dezembro de 1926 a janeiro de 1927. Seu *Diário de Moscou*, recentemente publicado, é um documento penetrante, mas discreto, de uma tríplice dúvida: em primeiro lugar, quanto ao amor de Asja, então em convalescença após uma depressão nervosa; depois, dúvidas quanto ao futuro possível da URSS, e quanto às verdadeiras possibilidades de uma sociedade socialista; finalmente, dúvidas quanto à competência intelectual dos funcionários dos órgãos culturais, incapazes de se posicionar clara e pessoalmente em relação, por exemplo, ao seu texto. A despeito de Asja, só irá aumentar, no decorrer dos anos, a distância entre a crítica literária de Benjamin e a teoria marxista da literatura, centrada na análise sociológica do meio do escritor e nos conceitos de realismo e reflexo. Asja Lacis e Walter Benjamin se reencontrarão no fim de 1928, em Berlim, cidade na qual Asja era encarregada de organizar os contatos entre os escritores revolucionários russos e alemães e de divulgar o teatro revolucionário russo no exterior. Em sua autobiografia, ela descreve o quanto Benjamin se tornara mais seguro de si; ele havia lido muitos teóricos de literatura marxistas e, reconhecendo-lhes um interesse crítico, censurava seu esquematismo e indiferença em relação ao aspecto estético e formal das obras estudadas. Asja declara:

> Tive violentas discussões com ele, critiquei-o por não se livrar da estética tradicional idealista (Benjamin discutia com distinção, falava tranquilamente, jamais gritava, mas agitava a cabeça quando uma objeção o ofendia). Mais tarde, compreendi que ele tinha razão e que havia identificado o ponto fraco de muitos críticos da época — a sociologia vulgar.

Entre os ataques de Asja e as objeções de Scholem, que o acusa de renegar a si próprio — Benjamin monta gradualmente muito mais um *estilo* do que um método de crítica literária. Em uma carta de 1931 dirigida a Max Rychner, redator de uma revista literária suíça, ele dá uma descrição perspicaz do que seria essa sua abordagem. O que o levou a adotar uma visão materialista, escreve Benjamin, não foi tanto a convicção de ter encontrado a verdade, mas muito mais a insatisfação, a aversão mesmo, em relação à ciência literária tradicional de sua época. Assim, bem antes de conhecer o pensamento marxista, ele já se desviara da produção acadêmica reinante, da "saturação da ciência burguesa", como registra seu livro sobre o barroco alemão, que a instituição acadêmica recusara como tese de livre-docência e que a comunidade universitária continuava a ignorar (à exceção de Adorno). O que ele sempre condenou na crítica literária acadêmica e burguesa é o fato de esta procurar a "verdade" nas "ideias eternas" e nos "valores atemporais", ao invés de captá-la na "espessura" da historicidade da obra. É essa dialética entre verdade e historicidade que Benjamin reivindica como sua preocupação fundamental e que o liga muito mais à investigação materialista que à apologética idealista, como diz. No entanto, quando se trata de explicitar a natureza dessa investigação, de descrever como a crítica decifra essa espessura da obra, Benjamin recorre de maneira irônica e lúcida a uma metáfora teológica:

> Eu nunca pude pesquisar ou pensar senão num sentido, se me atrevo a dizê-lo, teológico — isto é, de acordo com a doutrina talmúdica dos quarenta e nove níveis de sentido de cada passagem da Torá.

Essa afirmação, muitas vezes citada indevidamente como uma profissão de fé, sublinha a ligação de Benjamin não aos preceitos ou os dogmas da religião judaica, mas a um modelo de leitura herdado da leitura dos textos sagrados. Na tradição teológica judaica, e especialmente na tradição mística da Cabala, a interpretação não pretende delimitar um sentido unívoco e definitivo; ao contrário, o respeito pela origem divina do texto impede sua cristalização e sua redução a um significado único. O comentário, na Cabala, tem antes por objetivo mostrar a profundidade ilimitada da Palavra Divina e preparar para sua leitura infinita, simbolizada pelo número místico do sete ao quadrado (isto é, 49). Que Benjamin reivindique esta tradição mística no contexto de uma análise materialista dos textos literários é absolutamente notável:

significa que a crítica materialista não tem como meta estabelecer a verdade definitiva sobre uma obra ou um autor (burguês decadente ou proletário revolucionário!), mas tornar possível a descoberta de novas camadas de sentido até então ignoradas. Essa investigação descreve o desenvolvimento dos ensaios críticos de Benjamin, dos quais Adorno pôde dizer com justiça que "tratam os textos profanos como se fossem sagrados". É preciso tentar captar aquilo que define sua especificidade, pertençam eles ou não ao período dito marxista de Benjamin.

CAPÍTULO 3
A verdade da crítica

Quando Benjamin termina sua tese de doutorado em 1919, seu destino mais natural parece ser o ingresso na carreira universitária para ensinar estética ou ciência literária. Ele tentou, então, encontrar um professor e uma universidade que o aceitassem como candidato à livre-docência, etapa indispensável à obtenção posterior de um cargo. Todos os seus projetos acadêmicos irão fracassar e Benjamin se tornará um crítico sem glória e sem dinheiro. As causas desse "fracasso" são numerosas. A origem judaica e o engajamento político de Benjamin fecharam-lhe todas as portas durante os anos 1930, antes de terem-no compelido ao exílio. Anteriormente, a crise financeira e econômica da República de Weimar iria atingir em cheio a classe média e mais obviamente um intelectual que vivia como escritor. Todos esses fatores objetivos se agravaram por uma espécie de incapacidade intrínseca de Benjamin de se manter econômica e materialmente. Ele dá sempre a impressão de estar aborrecido por precisar lutar pelo dinheiro em vez de simplesmente poder recebê-lo. Atitude certamente típica de um filho de família abastada, mas também característica de certo anacronismo: o "homem de letras" dificilmente se decide a vender seus escritos, a vê-los transformados em mercadorias. Poderíamos até arriscar a hipótese de que é esse caráter anacrônico que torna Benjamin tão sensível às transformações materiais e econômicas da produção artística da época moderna, transformações que ele já diagnosticara na obra de um Baudelaire — o primeiro poeta a tematizar a inevitabilidade de ter de vender sua poesia — ou na perda da aura inefável que cercava as obras de arte únicas e singulares do passado.

De qualquer maneira, Benjamin é rico em artifícios para conseguir, digamos, certos mecenas que o sustentem e financiem suas pesquisas. Durante dois meses, ele chega mesmo a esconder de seus pais a conclusão de seu doutorado, já que eles regularmente lhe enviavam dinheiro para os estudos, mantendo dessa forma a ajuda assegurada, e podendo viajar em férias com sua mulher! Seu pai o coloca, então, diante de uma alternativa inaceitável: ou retornar a Berlim com Dora e com o filho, Stefan, nascido na Suíça, instalando-se na casa paterna e submetendo-se às suas ingerências, ou adotar uma profissão realmente rentável, num banco ou numa livraria. As relações de Benjamin com os pais são constantemente marcadas por essas divergências. Algumas vezes, Benjamin e sua mulher fixam-se em sua residência berlinense; em outras, eles se mudam para a casa de parentes e amigos, ou Benjamin arranja um quarto na cidade, enquanto a mulher e o filho permanecem com seus pais. Benjamin publica alguns artigos, mas vive também às expensas de seus pais (muito abastados, aliás), dos pais de sua mulher, das traduções de inglês feitas por esta (pagas em dólares, o que era muito valioso numa época de inflação), ou ainda consegue algumas análises grafológicas, quando não ganha na roleta! Ele chegará mais tarde, como já vimos, a receber uma espécie de bolsa da Universidade de Jerusalém e posteriormente do Instituto de Pesquisa Social.

Quando, em 1923, o grande poeta austríaco Hugo von Hofmannsthal envia-lhe uma carta bastante elogiosa ao seu ensaio sobre *As afinidades eletivas*, de Goethe, declarando-se pronto a publicá-lo na revista que dirige, Benjamin consegue, utilizando-se desse fato, obter dinheiro de seu pai, para poder se consagrar ao estudo de sua tese de livre-docência. Depois de várias tentativas inúteis em diversas universidades, ele é finalmente aceito como candidato à livre-docência na Universidade de Frankfurt junto ao professor de literatura alemã Schultz. Depois, com a recusa deste, junto ao professor de estética Hans Cornelius, cujo assistente era Max Horkheimer. Benjamin passa dois anos redigindo sua tese *A origem do drama barroco alemão*. O ensaio, apesar de sua erudição, é por si só tão barroco e tão pouco acadêmico que, em fevereiro de 1925, o professor frankfurtiano e seus colegas, incapazes de formular um julgamento à altura do texto apresentado, pedem a Benjamin que retire sua candidatura para que, assim, não se vissem obrigados a reprová-lo. Essa recusa anuncia o fim de suas ambições acadêmicas. Como diz Scholem, à grande decepção de Benjamin seguiu-se um alívio equivalente: ele desejava, de fato, mas também temia a entrada para o mundo acadêmico alemão da época, tão tradicional e tão respeitável, e igualmente tão competitivo e tão hipócrita. Semelhante à sua relação com o dinheiro, seu posicionamento diante da instituição acadêmica atesta a repugnância pelas *bürgerliche geordnete Verhältnisse* (relações burguesas ordenadas), ainda que isto lhe custe uma instabilidade material e financeira desde então permanente.

Paradoxalmente, o fracasso de 1925 libera a veia crítica do ensaísta. Benjamin não tem mais necessidade de poupar seus futuros colegas em nome de uma carreira, e pode descarregar todo o seu ímpeto contra a "ciência literária burguesa" que sempre detestara, muito antes de denunciar sua marca de classe. De imediato, ele critica seu caráter a-histórico e apologético, dois vícios intimamente ligados. A ciência literária burguesa trata as obras do passado fora de seu contexto histórico e sem refletir sobre o processo, histórico também, pelo qual elas nos são transmitidas. Ela postula, assim, um falso imediatismo entre a obra do passado e nossa compreensão presente, tendendo a apagar as *diferenças* históricas para sublinhar a *identidade* entre as preocupações dos autores de ontem e os contemporâneos. Isso permite decretar a obra sempre "atual", e nela descobrir a expressão de questões e de valores eternos, já que estes permaneceriam até hoje os mesmos. De fato, essa análise caracteriza uma visão da história da literatura — e da história em geral, como mostrará Benjamin em suas teses *Sobre o conceito de história* — profundamente convencional. Aquilo que julgamos comum entre o passado e o presente, e que apressadamente designamos como a verdade do passado, é quase sempre apenas uma projeção de nós mesmos, ilusão sedutora para um egocentrismo interpretativo que nos convida a reencontrarmo-nos até mesmo no Outro, em vez de reconhecê-lo em sua irredutível diferença.

Se é lícito falar em verdade da obra, se essa verdade transcende sua finitude histórica, ela não deixa de permanecer-lhe, por outro lado, indissociavelmente ligada, só podendo se revelar no próprio interior da organização do texto, compreendido como produção histórica. É por isso que Benjamin distingue, em um de seus primeiros grandes ensaios, consagrado a *As afinidades eletivas*, de Goethe (escrito em 1921-22, e publicado em 1924-25 por Hofmannsthal), o "teor coisal" (*Sachgehalt*), isto é, material e histórico, e o "teor de verdade" (*Wahrheitsgehalt*) de uma obra. A análise literária deve apoiar-se sobre o comentário, pré-condição necessária à elaboração crítica que julga a verdade da obra. Sem eludi-las, o comentário se fixa sobre o "teor coisal", justamente sobre os elementos do texto mais fortemente marcados por sua historicidade, aquilo que consideramos estranho e já não compreendemos, mas que forma o material indispensável à constituição de uma verdade. A procura da verdade, obra do julgamento crítico posterior ao comentário, não tende, portanto, a uma coincidência falsamente imediata entre um passado sempre "atual" e um presente narcísico, mas exige um decifrar paciente da distância histórica.

A mesma recusa de imediatidade caracteriza a teoria benjaminiana da *alegoria*, categoria central de sua obra a partir do ensaio *A origem do drama barroco alemão* (1925) até os ensaios sobre Baudelaire, escritos no fim dos anos 1930. Essas reflexões se tornaram mais célebres com as críticas de G. Lukács, em sua condenação da vanguarda literária, em particular de Kafka (no livro *Realismo crítico hoje*), do que em virtude de uma leitura mais exata dos textos benjaminianos. A questão da alegoria reaparece, com efeito, no contexto do debate marxista sobre o realismo na arte, inaugurado na Alemanha no final dos anos 1930: a estética marxista "ortodoxa" defenderá com Lukács uma concepção de arte progressista como visão totalizadora do real, sua função constituindo-se justamente em saber exprimir a organização dessa realidade aparentemente caótica. Lukács transforma, mas na verdade retoma o ideal de universalidade e de harmonia da arte clássica, opondo-se às tendências da arte moderna à desestruturação e à fragmentação, encarando-as como reflexo do individualismo burguês, incapaz de ultrapassar seu ponto de vista limitado a fim de alcançar uma visão de conjunto da realidade e das leis que a governam.

A oposição entre as figuras do símbolo e da alegoria se inscreve no âmbito dessa discussão. Realmente, desde Goethe e do romantismo alemão, o símbolo é sinônimo de totalidade, de clareza e de harmonia, enquanto a alegoria é recusada por sua obscuridade, seu peso e sua ineficiência. Na relação simbólica, o elo entre a imagem e a sua significação (por exemplo, entre a imagem de uma cruz e a significação da morte do Cristo no símbolo da cruz) é natural, transparente e imediato, o símbolo articulando, portanto, uma unidade harmoniosa de sentido. Ao contrário, na relação alegórica (por exemplo, uma mulher com os olhos vendados e segurando uma balança, como representação da justiça) o elo é arbitrário, fruto de uma laboriosa construção intelectual. A alegoria foi sempre criticada por pretender uma tradução sensível do conceito, ao invés de fazer ver o sentido em sua imediatidade. Como o próprio nome o indica, a alegoria fala de outra coisa que não de si mesma (*allos*, outro, e *agorein*, falar, em grego), enquanto o símbolo liga dois aspectos da realidade em uma unidade bem-sucedida (*sym*, conjunto, e *ballein*, lançar, colocar). A plenitude luminosa do símbolo se opõe, então, à deficiência e à ineficácia da alegoria, que não se basta a si própria, necessitando recorrer sempre a um sentido exterior. Goethe, por exemplo, condena-a e julga que a verdadeira poesia somente pode ser simbólica.

A reabilitação da alegoria na época moderna irá reivindicar justamente essas qualificações consideradas antiestéticas, mostrando que esse caráter arbitrário, deficiente e conceitual da alegoria define uma arte certamente diferente da concebida pela harmonia clássica, mas da mesma forma legítima, talvez a única legítima para a época moderna. Walter Benjamin pode ser considerado, com razão, o primeiro teórico a ter buscado essa reabilitação. De início, ele estuda a corrente literária à qual o classicismo alemão queria justamente se opor, o barroco, mais particularmente o drama barroco, mostrando a importância essencial da alegoria na visão barroca do mundo. Persuadidos, por razões teológicas, da deficiência de um mundo estigmatizado pela Queda, os autores barrocos recorrem à alegoria como figura retórica que marca, exatamente por seu caráter arbitrário e difícil, as faltas e os dilaceramentos do real. A alegoria testemunha também a impossibilidade, para o nosso espírito humano, de discernir um sentido verdadeiro de uma vida ligada indissociavelmente ao pecado e à morte. Não pode

Exemplo de pintura alegórica da arte barroca: *Melancolia 1*, 1514, gravura, Albrecht Dürer. Nova York, The Metropolitan Museum of Art.

haver imediatidade no conhecimento humano, nem, portanto, evidência estética como a que o símbolo pretende concretizar. A visão do sofrimento e da desintegração contínua resulta na impossibilidade de exprimir um sentido último, não porque esse sentido não exista, mas porque somente Deus o conhece. Somos excessivamente limitados, por nossa natureza pecadora, para poder captá-lo, e assim devemos nos contentar em persegui-lo penosamente através das insuficiências e dos meandros da linguagem. A alegoria destaca essas dificuldades e está, consequentemente, e de certa maneira, mais próxima da verdade do que a figuração simbólica, que repousa sobre a utopia de uma transparência do sentido. Enquanto o símbolo clássico supõe uma totalidade harmoniosa e uma concepção do sujeito individual em sua integralidade, a visão alegórica não pretende qualquer totalidade, mas instaura-se a partir de fragmentos e ruínas. Ao mesmo tempo, a identidade do sujeito se esfacela, incapaz que é de recolher a significação desses fragmentos. É por isso que a literatura barroca aprecia tanto as metáforas mórbidas, imagens da destruição e da decomposição: cadáver, crânio e esqueleto — eis o destino do ser humano —; cacos, ruínas, podridão — o destino dos objetos.

Essa morte do sujeito clássico e essa desintegração dos objetos é que explicam o ressurgimento da alegoria, na época moderna, em um autor como Baudelaire. Benjamin vê no capitalismo moderno a consumação dessa destruição. Não há mais sujeito soberano no mundo em que as leis do mercado regem a vida de cada um, mesmo daquele que parecia lhe escapar: o poeta. Baudelaire se apercebe de que é obrigado a vender seus poemas como se fossem uma mercadoria qualquer, mas ao mesmo tempo recusa-se a ser apenas um produtor de mercadorias. Sua grandeza consiste, de acordo com Benjamin, em haver tematizado essa transformação de todo objeto em mercadoria, inclusive da poesia, no próprio interior do poema. Situa-se aí a fonte de sua intenção alegórica: "A visão alegórica funda-se sempre sobre a desvalorização do mundo aparente. A desvalorização específica que representa a mercadoria é a base da intenção alegórica em Baudelaire", diz Benjamin em suas notas referentes aos ensaios sobre o poeta. A alegoria baudelairiana traz o luto de um passado harmonioso mas consumado (temas da memória, da vida anterior e do *spleen*, tão presentes em *As flores do mal*). Ao mesmo tempo, ela destrói com furor tudo o que poderia ainda dar a ilusão de harmonia numa sociedade assentada nas leis do capitalismo. A alegoria baudelairiana e a alegoria moderna em geral são, assim, fruto da melancolia e da revolta. Logo, a arte moderna é tão realista, mais realista mesmo, quando denuncia alegoricamente a crueldade destruidora da organização capitalista do que quando pretende criar-lhe uma imagem coerente por meio da totalização simbólica. Isto não significa que os conteúdos da arte moderna sejam necessariamente alegóricos, mas que a linguagem artística aprecia recorrer às arestas da alegoria porque renuncia a uma transparência considerada a partir de então ilusória e enganadora.

Os ensaios de Benjamin sobre Baudelaire introduzem outra categoria essencial da modernidade, a categoria da "aura", ou melhor, da perda da aura. O poeta, que não é mais o eleito dos deuses e que deve, para sobreviver, curvar-se como qualquer outro às leis do mercado, é igual a todo mundo, e não tem mais nada de santo. Trata-se, aqui, do tema da *perda da auréola*, título de um pequeno texto de Baudelaire e que Benjamin cita longamente: ao atravessar a rua movimentada, e tentando evitar um carro, o poeta, num movimento brusco, deixou cair sua auréola na lama; ele não teve tempo de recolhê-la, preferindo viver sem ela a ser atropelado; este acidente oferece-lhe, aliás, uma série de vantagens: ele pode agora sentar-se incógnito nos cafés mais mal frequentados, entregar-se ao vício e à mistificação como o comum dos mortais, e até mesmo rir de um eventual mau colega que gostaria de pegar a auréola amassada e suja e colocá-la sobre a cabeça.

Esse pequeno texto sarcástico de Baudelaire sobre a perda da auréola contém em potencial vários elementos da teoria benjaminiana da perda da aura, desenvolvida particularmente em seu célebre ensaio *A obra de arte na época de sua reprodutibilidade técnica* (1935). O tema comum essencial é o da secularização da arte na época moderna: o artista não é mais comparável a um santo e as obras de arte perderam sua função original de objeto de culto. Essa função primeira, que liga a arte ao sagrado, havia deixado, segundo Benjamin, um traço sobre as obras de arte em geral; uma espécie de emanação sagrada que garantia seu caráter único e inefável e sua "aura", mesmo quando já não eram criadas para o culto ou em homenagem à divindade. A aura desaparece no momento em que o desenvolvimento técnico torna obsoleta a singularidade da obra, reprodutível ao infinito. A sinfonia pode ser registrada em um número incontável de discos, o quadro multiplicado em inumeráveis reproduções, e o texto, sempre reimpresso. O estatuto privilegiado do original é questionado pela profusão e perfeição das reproduções. Numa arte como a fotografia ou o cinema, a reprodutibilidade é, desde o início, parte inerente da produção artística. O negativo do filme possibilita um número praticamente ilimitado de cópias do mesmo assunto, e seria um tanto discutível decretar que uma é mais "original" ou "autêntica" que a outra, unicamente por ser a primeira de toda uma série.

Tais transformações no estatuto da obra de arte são inseparáveis daquelas que afetam sua produção e recepção. Não somente a função social do artista muda, como Baudelaire já o havia percebido, e seria inútil tentar negá-lo, como também a relação do público com a arte é transfornada. O recolhimento e a contemplação de um pequeno círculo de iniciados respeitosos são substituídos por uma recepção de massa, distraída, e mesmo indiferente. Em vez de lamentar essa mudança, Benjamin se esforça por detectar aí os elementos positivos que prenunciam uma nova função da arte numa futura sociedade socialista, onde sua existência e a da cultura não seriam mais fundadas na exclusão do povo, mas em sua contribuição. Essas reflexões suscitaram numerosas polêmicas. Para alguns, oferecem a base de uma teoria da arte de massas e permitem fazer de Benjamin um precursor genial, anunciando a fusão moderna entre arte e técnica. Para outros, ao contrário, Benjamin teria confundido cultura de massa e cultura popular, esquecendo-se de que o desenvolvimento técnico não conduz a qualquer transformação progressista se não for acompanhado de uma transformação social mais ampla das instâncias de decisão política.

Na verdade, a posição de Benjamin é particularmente ambígua. Quando marca o caráter irremediável das transformações experimentadas pela arte na sociedade moderna, está consciente também de que essa modernidade é o resultado do desenvolvimento capitalista, e que portanto não é positiva como tal; daí certa nostalgia por uma arte que conserva a aura, perceptível sobretudo no início do texto, fundamental para a compreensão da aura, *Pequena história da fotografia*, em que Benjamin fala da sua "deterioração", e evoca "a beleza plena de melancolia" dos primeiros retratos (daguerreótipos), em que a aura aparece pela última vez (dada a precariedade técnica desses primeiros registros). Ao mesmo tempo, ele se empenha em fazer uma análise materialista das condições socioeconômicas da produção de arte na época moderna, insistindo sobre o caráter necessariamente obsoleto da arte tradicional.

O ensaio sobre a reprodutibilidade da obra de arte — ensaio que se pretendia materialista — não iria, entretanto, convencer nenhum dos amigos comunistas ou marxistas de Benjamin. Brecht, como já vimos, julgou o conceito de aura profundamente "místico". Horkheimer e Adorno criticaram com veemência a visão positiva da arte de massas transmitida pelo texto. O capítulo intitulado "Indústria cultural", de seu livro *Dialética do Iluminismo* (1947), pode mesmo ser considerado uma refutação exemplar das teses benjaminianas. Os autores reafirmam o caráter de manipulação e de integração assumido pela arte de massas na sociedade capitalista. A multidão busca o divertimento sem exercer uma participação ativa e crítica, como espera Benjamin, mas para esquecer o trabalho alienante. A indústria cultural, então, tem realmente por função distrair os trabalhadores, mas distraí-los da questão essencial de uma transformação das condições sociais de produção, ao fornecer-lhes uma compensação ilusória e passageira. Nada escapa à força integradora do capitalismo, senão uma resistência tão mais encarniçada quanto consciente de seus limites, resistência que caracteriza certa elite intelectual mais do que a massa do proletariado.

Durante a vida de Benjamin, Adorno abordou a questão da função da arte na sociedade capitalista por meio do enfoque do problema da especificidade da análise materialista dos fenômenos culturais. Após a leitura do ensaio *A obra de arte na época de sua reprodutibilidade técnica*, em março de 1936, e da primeira versão do ensaio sobre Baudelaire (*A Paris do Segundo Império na obra de Baudelaire*), em novembro de 1938,

Adorno escreve duas longas cartas críticas a Benjamin, que permitem explicitar suas divergências. Na primeira, Adorno defende a possibilidade, para a arte contemporânea, de não se dobrar nem ao gosto das massas nem às ilusões auráticas; segundo ele, a arte autêntica (como a música de Schönberg) deve criar obras de arte críticas e "autônomas", isto é, não determinadas pelas leis capitalistas da produção e, no entanto, diferentes das belas obras tradicionais do passado.

Ele condena em Benjamin o estabelecimento de uma oposição rígida entre arte de aura e arte de massas, e sobretudo a atribuição a esta última de um estatuto positivo e progressista simplesmente porque a primeira está irremediavelmente acabada. Adorno se queixa da falta de dialética dessa posição. A mesma objeção — a falta de dialética — reaparece em seus textos relativos ao ensaio sobre Baudelaire. Benjamin de fato articula relações entre certos fenômenos históricos e alguns elementos da obra baudelairiana; por exemplo, entre o desenvolvimento da imprensa escrita e a transformação da condição do poeta, ou, ainda, entre o ritmo contrastado dos versos baudelairianos e os choques a que se submete um pedestre ao passear pelas ruas de Paris, mas essas relações importam mais numa justaposição de termos do que na exposição de uma verdadeira mediação dialética. Adorno chega a dizer que Benjamin talvez se utilize das categorias materialistas, mas que esse materialismo está mais próximo de um positivismo descritivo do que de uma análise dialética. A primeira versão é, portanto, recusada pela redação da revista do Instituto de Pesquisa Social, e Adorno aconselha-o a escrever um segundo texto, mais elaborado teoricamente.

Como bom hegeliano (e como bom marxista, também??), Adorno reclama uma mediação dialética que parta do processo global, isto é, de uma análise da totalidade social. Benjamin (que não suportava Hegel) toma como base elementos esparsos do real, buscando uma reconstrução da imagem de uma obra a partir desses fragmentos. Não constrói jamais uma teoria de conjunto, de inserção da produção artística no interior da produção social em geral (ou, em outras palavras, uma teoria de conjunto, firmada nas articulações entre infraestrutura e superestrutura). Para Benjamin, a obra de arte permanece um fenômeno extremo, impossível de ser alcançado em sua especificidade por uma dedução mais geral a partir da produção social. Certo, a obra se inscreve em um contexto social, no qual ela encontra também os seus limites; certo, alguns momentos do processo histórico-social atingem realmente sua expressão na arte, mas a particularidade dessa expressão manifesta simultaneamente que a obra de arte, em sua historicidade, não pode ser inteiramente reconduzida à sua origem social. Benjamin permanece, então, fiel, até em seu período "materialista", à distinção entre "teor coisal" (histórico e material) e "teor de verdade", que ele havia estabelecido em seu ensaio sobre *As afinidades eletivas* — ficando bem entendido que qualquer verdade pode ser buscada apenas na densidade histórica do texto.

Qual é, portanto, a função do método materialista marxista no pensamento de Benjamin, já que ele não lhe confere o poder de explicação totalizante a que frequentemente se propõe? Poderíamos dizer que se trata mais de um método de denúncia que de explicação. Benjamin quer denunciar não somente os limites histórico-sociais que presidem à gênese das obras, mas também e sobretudo as deformações a que são obrigadas a se submeter pelo processo de transmissão cultural. Esse processo, na verdade, não se desenvolve em um espaço histórico neutro, mas é parte comprometida na história da dominação burguesa. Benjamin não denuncia as alterações sofridas por um sentido pretensamente "original" ou "autêntico" no curso desse processo, mas, sim, as marcas deixadas pelos interesses da classe dominante. O historiador materialista deve sempre se lembrar de que a imagem do passado — que é a *sua* imagem de passado — não pode oferecer um ponto de partida imediato à sua análise, mas que a condição prévia de todo julgamento do passado é o exame crítico da constituição histórica da representação deste passado. De outra forma, ele está arriscado a cair nas armadilhas de uma tradição cultural que se compraz em fazer da história, literária como de outras, uma espécie de caminho ascendente, com seus pontos altos e seus períodos de decadência, seus gênios e seus fracassados — em direção ao coroamento, que seria o estabelecimento da democracia burguesa.

A análise materialista não tem, portanto, de separar os autores "progressistas" dos outros, nem de operar uma escolha entre os elementos do passado que iriam "no sentido da história" e aqueles tachados de "retrógrados"; ela deve, antes de mais nada, proceder a uma releitura profundamente desconfiada da historiografia vigente:

> O que impede confrontar sem rodeios o poeta Baudelaire com a sociedade atual e responder, baseado em suas obras, à questão: o que tem ele a dizer aos quadros mais avançados dessa sociedade? Sem esquecer, bem entendido, a questão de saber se ele tem, afinal de contas, algo a lhes dizer. A isso se pode objetar que fomos instruídos num aprendizado histórico, pela sociedade burguesa, a ler Baudelaire. Este aprendizado jamais pode ser ignorado. E mais, uma leitura crítica de Baudelaire e uma revisão crítica deste aprendizado são uma e a mesma coisa. Pois é uma ilusão marxista vulgar querer determinar a função social de um produto, seja ele material ou espiritual, prescindindo das circunstâncias e dos portadores da sua transmissão.

Essa citação extraída de um fragmento sobre questões de método (notas para os ensaios consagrados a Baudelaire) indica que a condição anterior à explicitação de uma obra é a revisão do processo de sua transmissão. É preciso descolar, por assim dizer, o núcleo do passado de um invólucro de imagens pré-fabricadas que nos impedem de percebê-lo em sua verdade. Essa verdade não é, na filosofia benjaminiana, a luminosidade ofuscante das origens, como se fosse possível remontar a uma fonte tanto mais pura quanto mais distanciada no tempo. Tal concepção postula uma verdade para além da história, como se esta fosse apenas a degradação progressiva de uma origem sem mácula. Não, a verdade do passado reside antes no leque dos possíveis que ele encerra, tenham eles se realizado ou não. A tarefa da crítica materialista será justamente revelar esses possíveis esquecidos, mostrar que o passado comportava outros futuros além deste que realmente ocorreu. Trata-se, para Benjamin, de resgatar do esquecimento aquilo que teria podido fazer de nossa história outra história. A empresa crítica converge, assim, para a questão da memória e do esquecimento, na luta para tirar do silêncio um passado que a história oficial não conta.

CAPÍTULO 4
Memória e libertação

A reflexão benjaminiana sobre a crítica materialista da literatura conduz, então, a uma reflexão sobre a *história*, no duplo sentido do termo: como conjunto dos eventos do passado e como sua própria escritura. Benjamin mantém distância em relação ao sociologismo de alguns autores marxistas e, de maneira paralela, coloca em questão a teoria socialdemocrata do progresso histórico; ele critica a ciência literária burguesa e, igualmente, a filosofia da história mais influente em sua época, o historicismo. Essa escola, nascida da oposição à visão hegeliana do desenvolvimento progressivo da história em direção a um objetivo último, reivindica a singularidade de cada momento da história humana, independentemente do seu lugar em um processo global, cujo fim não se pode prever. Cada momento da história forma uma unidade em si, dotada do mesmo valor que as outras, e só pode ser compreendida e descrita de maneira adequada se o historiador deixar de lado qualquer opinião preconcebida sobre o curso global da história, para mergulhar sem preconceitos no estudo dos fatos, e tentar reviver cada época de acordo com seus próprios critérios. Esse ideal de pesquisa iria renovar a ciência histórica (particularmente com Droysen e Ranke) e lançar as bases da hermenêutica moderna através da reflexão de Dilthey sobre as condições de possibilidade de compreensão do passado. Os adversários do historicismo condenaram-lhe aquilo que justamente constitui sua força: um relativismo total e uma erudição maçante, já que essa minuciosa descrição do passado não encontra qualquer justificativa para além de si mesma. Benjamin retoma essa crítica aprofundando-a, e mostra como o historicismo, sob a aparência de uma pesquisa objetiva, acaba por mascarar a luta de classes e por contar a história dos vencedores.

O ideal de pesquisa histórica é, para o historicismo, escrever a história universal. O tempo histórico é semelhante a um espaço vazio, uma linha infinita que os acontecimentos vêm preencher. O tempo da história é "homogêneo e vazio", uma série de pontos perfeitamente semelhantes. Esta concepção do tempo, comum à historiografia burguesa e à teoria socialdemocrata do progresso, permite postular a existência de uma história universal. É possível conhecer todos os pontos do *continuum* histórico, e formar dele uma imagem sempre mais exata, ainda que essa investigação seja infinita. Cada acontecimento do passado espera pacientemente ser conhecido; sua descoberta é só uma questão de perseverança e habilidade. Segundo essa abordagem otimista, a verdade do passado não pode nos escapar. Somente erros acidentais, devidos quase sempre a insuficiências técnicas, podem deslizar entre o historiador e seu objeto. A questão de saber se e como o sujeito do saber histórico pode verdadeiramente conhecer e compreender esse objeto que é o passado, tão diferente e afastado dele, é resolvida pelo axioma da sua identidade essencial: na filosofia da vida de Dilthey os dois são, ao final das contas, manifestações do mesmo vivente. "A célula original do mundo histórico", como ele afirma, "é a experiência vivida" (*Erlebnis*). Para o historiador, trata-se, portanto, de tornar sua a experiência vivida das gerações anteriores, sendo que o diálogo entre dois sujeitos da mesma natureza fornece o modelo epistemológico privilegiado da compreensão. Esta compreensão é, a princípio, um esforço de identificação afetiva (*Einfühlung*, "sentir-se em"), uma espécie de transposição intuitiva para o Outro, uma fusão dele com o eu cognoscente. Como observa J. Habermas, a teoria diltheyiana da *Erlebnis* e da *Einfühlung*, apesar da aparência em contrário, impede uma verdadeira comunicação, baseada no reconhecimento das diferenças. Ela estabelece, muito apressadamente, uma identidade apenas desejada, e corre, assim, o risco de confundir a compreensão do Outro com o encontro sempre renovado do mesmo pelo mesmo: "A compreensão é um reencontro do *eu* no *tu*; o espírito se encontra a si próprio em níveis sempre mais elevados de conexão" (ainda Dilthey!). De acordo com Benjamin, essa hipotética compreensão intuitiva ou imediata não é a marca de um conhecimento verdadeiro, garantido por sua evidência, mas o sinal de uma preguiça do espírito, de uma falta de discernimento e de respeito por aquilo que é diferente, estranho e estrangeiro. Como em suas reflexões sobre a tarefa da análise literária, Benjamin acentua a necessidade de um desvio crítico do intérprete, a fim de alcançar a "verdade" do objeto: desvio pelas camadas de sentido com que a tradição o envolveu, desvio pelas arestas constitutivas do próprio objeto, e, sobretudo, desvio autorreflexivo pelos próprios pressupostos metodológicos do historiador ou do crítico. A falta de autorreflexão conduz de fato ao positivismo da interpretação, latente na pesquisa histórica burguesa: a certeza de que seu interesse é unicamente "científico" leva o historiador a negligenciar o peso de seu próprio presente na análise. O historiador burguês não questiona nem sua posição, nem a maneira como a história nos foi contada e transmitida, e ainda menos a maneira como ela se realizou. A história não é — como seu nome, no entanto, parece indicar! — *uma história possível entre outras*, mas o relato incontestável e edificante das múltiplas manifestações da vida humana. A pesquisa histórica se curva às leis profundas da acumulação capitalista: seu objeto torna-se uma propriedade (cultural), a fonte de um enriquecimento (espiritual) do indivíduo.

Essa falta de reflexão crítica sobre seus postulados e essa concepção acumulativa da pesquisa explicam, de acordo com Benjamin — que segue aqui as pegadas de Nietzsche na

Segunda consideração intempestiva —, o conformismo da historiografia vigente. Ela descreve o vasto espetáculo da história universal, mas não o questiona; está, consequentemente, bem longe de poder discernir por detrás da história dos vencedores as tentativas de uma outra história que fracassou; as causas desse fracasso não se constituem em objeto de pesquisa, as vitórias são celebradas como manifestações do mais forte, sem que se indague a respeito das condições preestabelecidas de uma luta desigual. O autor historicista, para Benjamin, se identifica sempre com o vencedor, na medida em que, pela "força das coisas", é sobre este que existe o maior número de testemunhos e documentos. Essa marcha de vitória a vitória, de triunfo a triunfo, é assimilada ao desenvolvimento necessário da história, *como se necessidade histórica e realização efetiva fossem sinônimos.* Nesse ponto, o historicismo une-se ao pragmatismo de origem hegeliana vulgar, que, entretanto, pretendia combater, transformando o sucesso em prova de validade histórica.

A tarefa do historiador materialista será, para Benjamin, saber ler e escrever uma outra história, uma espécie de anti-história, uma história a "contrapelo", como diz, ou ainda a história da barbárie, sobre a qual se impõe a da cultura triunfante:

> Ora, os dominantes do momento são os herdeiros de todos aqueles que uma vez venceram. Portanto, a identificação afetiva com o vencedor beneficia sempre e respectivamente os dominantes do momento. Isso diz o bastante para o materialista histórico. Quem quer que, até hoje, levou a vitória, marcha no cortejo do triunfo que conduz os dominantes de hoje por cima dos que hoje jazem por terra. Como sempre foi costume, a presa é conduzida no cortejo triunfante. Chamam-na "bens culturais". Eles terão no materialista histórico um observador a

distância. Com efeito, o que ele divisa em bens culturais testemunha, sem exceção, uma proveniência que não pode recordar sem horror. Sua existência não é devida somente ao esforço dos grandes gênios que os criaram, mas também à servidão anônima de seus contemporâneos. Não existe um documento da cultura que não seja, ao mesmo tempo, um documento da barbárie. E assim como ele não está livre da barbárie, também não o está o processo de sua transmissão, no qual passa de uma pessoa a outra. É por isso que o materialista histórico se afasta dessa transmissão na medida do possível. Ele considera como sua tarefa, escovar a história a contrapelo (Tese VII).

Escrever a história dos vencidos exige a aquisição de uma memória que não consta nos livros da história oficial. É por esse motivo que a filosofia da história de Benjamin inclui uma teoria da memória e da experiência, no sentido forte do termo (em alemão, *Erfahrung*), em oposição à experiência vivida individualmente (*Erlebnis*). O historiador materialista não pretende dar uma descrição do passado "tal como ele ocorreu de fato"; pretende fazer emergir as esperanças não realizadas desse passado, inscrever em nosso presente seu apelo por um futuro diferente. Para fazer isso, é necessária a obtenção de uma experiência histórica capaz de estabelecer uma ligação entre esse passado submerso e o presente. Tal conceito de experiência (*Erfahrung*) tem, na teoria benjaminiana, uma origem literária: é tomado à busca proustiana e ao modelo da narração.

Em seu ensaio O *narrador: considerações sobre a obra de Nikolai Leskow*, Benjamin formula uma espécie de tipologia da comunicação literária, e opõe a forma do conto (narrar uma história) ao romance e à informação jornalística moderna. Procura explicar por que a arte de narrar histórias perde-se gradualmente e por que é tão raro encontrar atualmente um verdadeiro contista (narrador). Para Benjamin, a verdadeira narração tem sua origem em uma experiência, no sentido pleno do termo (*Erfahrung*), progressivamente abolida pelo desenvolvimento do capitalismo. Essa experiência está ligada a uma tradição viva e coletiva, característica das comunidades em que os indivíduos não estão separados pela divisão capitalista do trabalho, mas cuja organização coletiva reforça a vinculação consciente a um passado comum, permanentemente vivo nos relatos dos narradores. Nessas comunidades pré-capitalistas — que não são por isso forçosamente idílicas! — a experiência do trabalho e do passado coletivos (*Erfahrung*, no vocabulário de Benjamin) predomina sobre a experiência do indivíduo, isolado em seu trabalho e em sua história pessoal (*Erlebnis*). A obtenção de uma memória comum, que se transmite através das histórias contadas de geração a geração, é hoje destruída pela rapidez e violência das transformações da sociedade capitalista. Agora, o refúgio da memória é a interioridade do indivíduo, reduzido à sua história privada, tal como ela é reconstruída no romance.

A emergência do romance como gênero literário liga-se, portanto, ao isolamento crescente do indivíduo na sociedade burguesa. O desaparecimento de uma memória e de uma experiência coletivas traz também como consequência o culto do sempre novo, razão de ser da imprensa escrita. A informação jornalística afasta-se diametralmente da informação fornecida por uma história contada de acordo com a narrativa tradicional. Submissa à estrutura da *Erlebnis*, deve dar ao leitor a impressão de que algo totalmente novo e excepcional acaba de acontecer, talvez para preencher o vazio uniforme da vida subjugada ao ritmo do trabalho capitalista. A informação subjacente ao relato do narrador concerne a uma experiência antiga e pacientemente retransmitida. Seu sentido não é evidente. Para Benjamin, a arte do narrador é também a arte de contar, sem a preocupação de ter de explicar tudo; a arte de reservar aos acontecimentos sua força secreta, de não encerrá-los numa única versão. Ao contrário da coerência psicológica do romance e da plausibilidade da informação jornalística, o relato do narrador permanece irredutível a interpretações posteriores, capaz por isso mesmo de provocar surpresa e reflexão mesmo depois de muitos séculos, semelhante, diz Benjamin, "às sementes mantidas no vácuo durante vários séculos nas pirâmides, e que até o dia de hoje conservam sua força germinativa".

Esse conceito enfático de experiência permite, assim, a escritura de uma anti-história, porque, ao invés de encerrar o passado numa interpretação definitiva, reafirma a abertura de seu sentido, seu caráter inacabado. No entanto, articula-se a estruturas sociais atualmente extintas, o que torna necessária uma reconstrução voluntária de suas condições de possibilidade. Aqui intervém a importância do modelo de *Em busca do tempo perdido* para Benjamin, leitor e tradutor infatigável de Proust. Na lembrança proustiana se abre, realmente, uma dimensão de infinito que ultrapassa a limitação da memória individual. Ela faz coincidir uma sensação perdida do passado com a evidência do presente, operando uma fusão entre um tempo e outro. Essa fusão faz Proust feliz ao extremo, porque, como diz no final de seu livro, assim ele tem a impressão de poder escapar à fluência inexorável do tempo (e, portanto, à própria morte), graças a esse encontro efêmero do passado esquecido com a luminosidade do presente. Como notou Peter Szondi, Benjamin se afasta de Proust exatamente nesse ponto. A coincidência do passado com o presente não deve, para ele, liberar o indivíduo do jugo do tempo, mas operar uma espécie de condensação que permita ao presente reencontrar, reativar um aspecto perdido do passado, e retomar, por assim dizer, o fio de uma história inacabada, para tecer-lhe a continuação (Benjamin utiliza frequentemente a metáfora da tecedura em relação à experiência histórica). Como escreve ainda P. Szondi, a filosofia da história de Benjamin se desdobra no tempo paradoxal do futuro do pretérito: isto que poderia ter-se constituído no futuro do passado.

Proust e Benjamin compartilham, realmente, a mesma convicção de que o passado comporta elementos inacabados; e, além disso, que tais elementos aguardam uma vida posterior, e que somos nós os encarregados de fazê-los reviver. Essas "ressurreições da memória", como Proust as define, referem-se, em sua obra, ao passado individual e dependem de um acaso providencial, como aquele da *madeleine* (pequeno bolo, semelhante ao *brioche*), cujo gosto, misturado ao do chá, faz irromper toda uma cadeia de lembranças. Para Benjamin, essas ressurreições aludem ao passado coletivo da humanidade e não podem depender do acaso, mas devem ser produzidas pelo trabalho do historiador materialista.

Numa situação de combate e de perigo, os dominados de hoje podem subitamente se recordar de lutas anteriores similares, e atualizar essa experiência (*Erfahrung*) em sua prática. De acordo com a famosa citação do 18 *Brumário*, a história acontece "a primeira vez como tragédia, a segunda como farsa". Benjamin retoma essa ideia da repetição histórica, mas, ao contrário de Marx, percebe aí a tentativa de rememoração de uma experiência do passado, que de outra forma estaria arriscada a perder-se — uma espécie de citação histórica transcrita no presente, na luta contra o esquecimento e a rotina.

Assim, a antiga Roma era para Robespierre um passado carregado de tempo-de-agora (*Jetztzeit*), passado que ele fazia saltar do contínuo da história. A Revolução Francesa compreendia-se como uma Roma retornada. Ela citava a antiga Roma exatamente como a moda cita um traje passado (Tese XIV).

O esforço do historiador materialista é no sentido de não deixar essa memória escapar, mas zelar pela sua conservação, contribuir na reapropriação desse fragmento de história esquecido pela historiografia dominante. Nada garante, no entanto, o sucesso da empresa; é possível que o presente seja incapaz de reencontrar a parcela do passado e que ela permaneça imersa no esquecimento. O passado pode ser salvo, mas pode também ser novamente perdido. A exigência do passado é, entretanto, duplamente atual: porque alude a nosso presente e porque quer tornar-se ato, abandonar o domínio do possível. Não se trata, simplesmente, de impedir que a história dos vencidos se passe no silêncio; é necessário, ainda, atender a suas reivindicações, preencher uma esperança que não pôde cumprir-se. Certo, o passado está consumado e é irreparável. Mas podemos, segundo Benjamin, ser-lhe fiel para além de seu fim, retomando em consideração suas exigências deixadas sem respostas. Cada geração recebe assim uma "fraca força messiânica" (Tese II), porque cabe a cada presente resgatar o próprio passado; não apenas *guardá-lo* e conservá-lo, mas também *libertá-lo*. Esse duplo aspecto do conceito de salvação (*Rettung*) é fundamental na filosofia da história benjaminiana: o trabalho do historiador materialista é arrebatar ao esquecimento a história dos vencidos e, a partir daí mesmo, empenhar-se numa dupla libertação: a dos vencidos de ontem e de hoje. A esperança do passado não deve, por uma segunda vez, ser frustrada:

Articular o passado historicamente não significa conhecê-lo 'tal como ele propriamente foi'. Significa apoderar-se de uma lembrança na forma tal como ela cintila num instante de perigo. Importa ao materialismo histórico reter firmemente uma imagem do passado, como ela inadvertidamente se coloca para o sujeito histórico no momento do perigo. O perigo ameaça tanto o conteúdo dado da tradição quanto aqueles que a recebem. Para ambos é um só e mesmo perigo: deixar-se transformar em instrumento da classe dominante. Em cada época, é preciso tentar arrancar a transmissão da tradição ao conformismo que está sempre na iminência de subjugá-la. Pois o Messias não vem somente como redentor; ele vem como vencedor do Anticristo. Só *ao* historiador que está perpassado por essa convicção é ínsito o dom de atear no passado a centelha da esperança: também os mortos não estarão seguros diante do inimigo, se ele for vitorioso. E esse inimigo não tem cessado de vencer (Tese VI).

A filosofia da história de Benjamin emprega uma noção de "salvação" (*Rettung*) em que marxismo e teologia se fundem. A ideia da libertação necessária da classe dominada une-se à doutrina judaica da redenção. Benjamin já havia recorrido, no prefácio de seu livro A *origem do drama barroco alemão*, à tradição da mística luriana para explicitar o elo entre crítica e redenção. A mística luriana (do nome de Isaac Luria), que pode ser interpretada como a tentativa de uma resposta adequada à dolorosa expulsão dos judeus do reino da Espanha, em 1492, demonstra a profunda conexão entre o exílio e a redenção. Três momentos principais marcam a história da Criação e da Salvação: o *Zimzum*, uma espécie de contração, de autolimitação de Deus, permite o nascimento de um espaço original que agora já não é completamente pleno de Deus e, portanto, onde o mundo pode surgir — e também o mal. Cada ser se enraíza na tensão existente entre a emanação da luz divina e a contração divina. A luz de Deus atinge com tal força suas criaturas que estas, semelhantes a vasos frágeis, impotentes diante da violência da corrente que as preenche, se esfacelam. A quebra dos vasos, ou *Schebira*, resulta na sua pulverização em mil pedaços. Nada está mais em seu lugar, os cacos jazem misturados e dispersos, semelhantes a ruínas. Ora, um ser que já não está em seu lugar original, que foi afastado pela violência, está no exílio. A criação inteira se caracteriza por essa fissura, essa fratura ontológica; dela não escapa o próprio Deus: sua *Chechina* dele se separa e parte para o exílio. A palavra *Chechina* significava originalmente "presença de Deus", e era utilizada mais frequentemente nas fórmulas religiosas que exprimiam a fidelidade de Deus a seu povo (por exemplo: "Deus e sua presença, *Chechina*, acompanhavam Israel no deserto"). A mística judaica faz dessa expressão a metáfora da união dos elementos masculino e feminino em Deus; em outras palavras, sua porção feminina está no exílio, o próprio Deus permanecendo marcado pela fissura e aspirando à reunificação. A salvação é então compreendida como libertação do exílio e restauração da unidade primeira. Esse processo, o *Tikkun*, se conclui com a chegada do Messias. Aí, a participação humana varia de acordo com a tradição judaica e depende principalmente da importância concedida à dimensão moral ou à dimensão apocalíptica na história da salvação.

Essa doutrina mística, que Benjamin conhecia por intermédio de conversas com o amigo Scholem, a meu ver parece ter deixado traços profundos em sua concepção da história. Para ele, também, o mundo está em pedaços e a história se assemelha a um "amontoado de ruínas". A salvação não consiste em uma recriação inteiramente nova, mas em um longo e paciente recolhimento desses pedaços perdidos e dispersos.

Livro infantil da coleção de Walter Benjamin.

A ideia da reunificação a partir dos fragmentos não é, aliás, típica unicamente de uma tradição mística, atendo-se também aos modelos terapêuticos de origem psicanalítica e a numerosas pesquisas artísticas contemporâneas. Comum a todas essas tentativas é, de fato, a preocupação em não escamotear as rachaduras, as fraturas, as *esquizes* de que o mundo sofre, mesmo que só se possa falar delas, mas não repará-las. A própria vida de Benjamin se inscreve nessa óptica. Se eu a defini como um "fracasso exemplar" (p. 22), é que ela pode realmente ser descrita como uma sucessão de reveses, aos quais seu suicídio impõe uma conclusão. Ao mesmo tempo, tal vida não seria, em certo sentido, mais verdadeira que o "sucesso" e mais próxima do real, com tudo o que ela comporta de derrotas e de ruínas, se nos lembrarmos do contexto de opressão e de sofrimento que é o da República de Weimar cambaleante, da ascensão do nazismo e da Segunda Guerra Mundial? Os fracassos afetivos, políticos e profissionais de Benjamin não são devidos tanto a uma "falta de sorte" pessoal, mas — talvez como toda "falta de sorte" — significam e denunciam os entraves para uma possível felicidade, num mundo onde o primado da produção capitalista conduz à destruição do ser vivo. Walter Benjamin amava os livros e os brinquedos infantis (possuía uma grande coleção deles), as aquarelas de Klee, os passeios ao sol e os figos. Ele poderia ter sido apenas um professor universitário perspicaz e melancólico, dissertando sobre o romantismo e o barroco alemão, inquietando-se, em seus cursos, com as diversas "crises" do mundo contemporâneo. Não escapou aos conflitos e perigos de sua época, tentou elaborar uma posição crítica sem obedecer a uma única doutrina, e não pôde fazer frente a um inimigo mais forte. Brecht, quando soube de sua morte, escreveu um pequeno poema que resume com discrição as dificuldades dessa luta:

An Walter Benjamin, der sich auf
Der Flucht vor Hitler entleibte

Ermattungstaktik war's, was dir behagte
Am Schachtisch sitzend in des Birnbaums Schatten.
Der Feind, der dich von deinem Büchern jagte
Lässt sich von unsereinem nicht ermatten.

A Walter Benjamin, que se suicidou
Quando estava fugindo de Hitler

Extenuação era a tática que te aprazia
Sentado à mesa de xadrez na sombra da pereira.
O inimigo que te desalojou dos teus livros
Por gente como nós não se deixa extenuar.

Na bela seleção de aforismos e de textos curtos intitulada *Rua de mão única* (*Einbahnstrasse*, 1924-26), o próprio Benjamin compara a existência individual àquela estátua antiga que perdeu braços e pernas no curso de numerosos transportes, e que oferece apenas um torso "a partir do qual ele (cada um) deve esculpir a imagem de seu futuro". E somente a partir desses restos, dessas ruínas, desses cacos, que uma nova construção torna-se possível. Benjamin retoma todas essas metáforas em um dos mais belos textos das teses *Sobre o conceito de história*, intitulado "*Angelus Novus*", nome de uma aquarela de Paul Klee, que ele comprara em 1921, e que o acompanha até o exílio:

> Existe um quadro de Klee intitulado "Angelus Novus". Nele está representado um anjo que parece estar na iminência de afastar-se de algo em que crava o seu olhar. Seus olhos estão arregalados,

sua boca está aberta e suas asas estão estendidas. O anjo da história deve parecer assim. Ele tem o rosto voltado para o passado. Onde, diante de *nós* aparece uma cadeia de acontecimentos, *ele* enxerga uma única catástrofe que sem cessar amontoa escombros sobre escombros e os arremessa a seus pés. Ele bem gostaria de demorar-se, acordar os mortos e juntar os destroços. Mas do paraíso sopra uma tempestade que se emaranha em suas asas e é tão forte que o anjo não pode mais fechá-las. Essa tempestade o impele irresistivelmente para o futuro, ao qual volta as costas, enquanto o amontoado de escombros diante dele cresce até o céu. O que chamamos de progresso é *essa* tempestade (Tese IX).

Essa alegoria nos ensina duas coisas. Primeiramente, a história também é algo que poderia ter sido completamente diferente; o que era possível e não se realizou, não por fraqueza ou incapacidade, como pretenderia um pragmatismo otimista, mas porque a dominação impôs-se. As ruínas da história acusam e continuam a crescer. O historiador não pode, entretanto, como o anjo da alegoria, deter-se para contemplar o espetáculo, mesmo que quisesse "demorar-se um pouco". Tal contemplação faria certamente justiça à "tradição dos oprimidos", como a chama Benjamin, e criaria outra memória que não a dos livros de história. No entanto, e aí reside o segundo aspecto da alegoria, o anjo da história é empurrado à frente pelo vento do Paraíso; deve continuar a avançar apesar de sua tristeza, necessidade que Benjamin denomina de "progresso", numa oposição irônica à doutrina socialdemocrata do progresso. O historiador materialista não pode, assim, contentar-se em colecionar os fatos do passado, devendo também ser fiel à história presente, porque é apenas através dela que o passado poderá talvez, algum dia, alcançar sua libertação.

Angelus Novus, 1920, transferência a óleo e aquarela sobre papel, Paul Klee. Jerusalém, The Israel Museum.

A presença e a força de temas místicos messiânicos na filosofia da história benjaminiana não significam, porém, que Benjamin tenha pretendido transpor uma doutrina religiosa da salvação para termos marxizantes. A ideia marxista da revolução e da libertação não funciona como secularização de uma ideia religiosa. Na primeira das teses *Sobre o conceito de história*, Benjamin tenta explicitar a relação entre o que chama de "teologia" e "materialismo histórico", por meio de uma curiosa metáfora. Descreve um autômato com a forma de uma boneca sentada diante de um tabuleiro de xadrez, que ganha todas as partidas contra um adversário qualquer. Sob a mesa com as peças, que parece transparente graças a um jogo de espelhos, oculta-se um anãozinho corcunda, mestre em xadrez, que, com de fios, guia a mão da boneca. Benjamin compara-a ao materialismo histórico, "que deve ganhar sempre", mas que só o consegue ao "colocar a seu serviço" o anãozinho chamado Teologia, "hoje feia e insignificante, e que, de qualquer maneira, não ousa se deixar ver".

Essa estranha comparação suscitou numerosos comentários, na medida em que tematiza o problema essencial da interpretação da obra benjaminiana: o elo entre marxismo e teologia. Eu arriscaria, também, uma interpretação possível. A teoria (e a prática) marxista apenas pode chegar à vitória quando consegue incorporar certos elementos da experiência e da reflexão teológicas. Esses elementos devem servir de antídoto a um positivismo e a um conformismo presentes na historiografia burguesa mas também latentes na teoria pretensamente científica do progresso defendida pela socialdemocracia. O que a teologia e especialmente a mística judaica nos ensinam — independentemente do fato de crermos ou não no conteúdo da fé judaica — é que também o passado quer ser resgatado, que ele aspira à sua reparação, que sua história não está terminada, e que se nos impõe, hoje, continuá-la. A experiência da leitura dos textos sagrados, que nenhuma interpretação chegará jamais a esgotar, une-se à experiência transmitida pelo narrador antigo: a de que a história é aberta, inacabada, e não pode ser definitivamente interpretada, nem pela teoria "materialista" ou "científica" do progresso, nem pela visão triunfalista dos vencedores, mas pode e deve ser contada de outra forma, e cabe a nós dar-lhe outro sentido.

Cronologia

1892 — Walter Benjamin nasce em 15 de julho, em Berlim.

1905-7 — Benjamin ingressa numa escola no campo, em Thüringen, devido à saúde precária. É bastante influenciado pelas ideias pedagógicas de Gustav Wyneken, fundador do movimento *Jugendbewegung*, do qual participará até 1914.

1912 — Benjamin termina seu bacharelado (*Abitur*) em Berlim, e começa a estudar filosofia em Freiburg im Briagau.

1913 — Continua seus estudos em Berlim. Primeira viagem a Paris, cidade que o entusiasma. Primeiras discussões com amigos sionistas.

1914 — Nomeado presidente da Associação dos Estudantes de Berlim. Longas discussões no interior da *Jugendbewegung*, da qual Benjamin se afasta quando Wyneken se pronuncia a favor da guerra.

1914-18 — Primeira Guerra Mundial.

1915 — Benjamin conhece G. Scholem. Prossegue seus estudos em Munique.

1917 — Casamento com Dora Sophie Pollak. Partem para Berna (Suíça) para evitar o engajamento de Benjamin no exército alemão e para prosseguirem os estudos.

1918 — Nascimento do filho Stefan. Conhecem o filósofo E. Bloch. Scholem passa alguns meses com eles na Suíça; em 9 de novembro, queda do Império e proclamação da República em Berlim.

1919 — Em janeiro, revoltas operárias em Berlim. Rosa Luxemburg e Karl Liebknecht são assassinados. Benjamin conclui a tese de doutorado na Universidade de Berna, com o título O *conceito de crítica de arte no Romantismo alemão*.

1920 — Volta a Berlim. Anos difíceis. Benjamin não possui ganhos fixos e tenta convencer o pai a emprestar-lhe dinheiro para escrever sua tese de livre-docência.

1923 — Escreve o ensaio sobre *As afinidades eletivas*, de

Goethe. A acolhida entusiamada desse texto por H. von Hofmannsthal permite a Benjamin começar a tese de livre-docência sobre *A origem do drama barroco alemão*, com o apoio do pai.

Fins de 1923 / início de 1924 — Scholem emigra para a Palestina. Durante muito tempo, tentará convencer Benjamin a reunir-se a ele.

1924 — Benjamin conhece Asja Lacis, em Capri.

1925 — Obrigado a renunciar à apresentação de sua tese de livre-docência na Universidade de Frankfurt am Main, Benjamin renuncia também à carreira acadêmica.

1926 — Em dezembro, viagem de Benjamin a Moscou, onde se encontra com Asja. Dificuldades amorosas. Dúvidas e questões em relação à evolução da URSS. Volta no início do ano seguinte.

1927-29 — "Projeto Palestino": Scholem tenta convencer seu amigo a ir para a Palestina, chegando a fornecer-lhe uma bolsa da Universidade de Jerusalém, para aprender o hebraico. Apesar das promessas, Benjamin não irá. Empenha-se no *Passagenarbeit*; interessa-se cada vez mais pelo marxismo.

1930 — Divórcio de Benjamin. Vive entre Berlim, Paris e Ibiza, como jornalista e ensaísta.

1933 — Hitler é feito chanceler do Reich. Incêndio do Reichstag, provocação dos nazistas que permite lançar a culpa sobre a oposição de esquerda. Prisão de milhares de comunistas e socialdemocratas. Tomada do poder pelo partido nazista. Em março, Benjamin exila-se em Paris.

1934 — De julho a agosto, Benjamin permanece em casa de Brecht, refugiado na Dinamarca. É bolsista do Instituto de Pesquisa Social. Escreve *A obra de arte na época de sua reprodutibilidade técnica*. Discussões com Brecht e Adorno sobre a análise materialista dos fenômenos culturais.

1935-36 — Benjamin vai a San Remo (casa de sua ex-mulher), depois a Paris, e novamente para junto de Brecht. Dificuldades financeiras crescentes.

1938 — Última estada em casa de Brecht. Encontra Adorno (que conhecera em 1923) em San Remo. Trabalha nos ensaios sobre Baudelaire.

1939 — Em agosto, é firmado o pacto de não agressão entre Stalin e Hitler. Início da Segunda Guerra Mundial. De setembro a novembro, Benjamin permanece internado no "campo dos trabalhadores voluntários", próximo a Nevers, em companhia de outros refugiados alemães na França.

1940 — Libertado e de volta a Paris, Benjamin escreve as teses *Sobre o conceito de história*. Em junho, as tropas alemãs entram em Paris. Governo do Marechal Pétain. Benjamin foge para o sul antes da chegada dos alemães. Suicida-se na noite de 25 para 26 de setembro, quando fica sabendo que lhe é impossível atravessar a fronteira franco-espanhola, última chance de escapar à Gestapo.

Indicações de leitura

Desde a primeira edição deste pequeno livro (1982), a publicação de obras de Walter Benjamin ou sobre ele aumentou consideravelmente, tanto no exterior como no Brasil. No exterior, a edição das *Gesammelte Schriften*, da editora Suhrkamp, chegou ao volume VII e alguns volumes suplementares com as traduções de Proust feitas por Benjamin. Deve-se destacar a publicação muito esperada do *Passagen-Werk*, em 1982, obra depois traduzida para o italiano e para o francês. A queda do Muro de Berlim, em novembro de 1989, e o fim dos regimes comunistas do Leste Europeu deveriam permitir a publicação dos documentos a respeito de Benjamin e de sua autoria que ainda se encontram no Benjamin-Archiv da Deutsche Akademie der Künste, na ex-parte oriental de Berlim — quando houver disponibilidade científica e financeira para isso! Já em 1980, G. Scholem pôde publicar a sua correspondência completa com Benjamin nos anos 1933-1940, graças ao acesso a várias fotocópias cedidas pelas autoridades da ex-República Democrática Alemã.

No Brasil também assistimos, nestes dez últimos anos, a um verdadeiro *boom* benjaminiano, certamente bem-vindo, mas não sempre desprovido de modismos. As traduções se sucederam, muitas vezes, infelizmente, sem a coerência e o cuidado necessários. Por exemplo, o leitor brasileiro tem frequentemente à disposição duas traduções bastante divergentes do mesmo texto de Benjamin. Destacamos as seguintes publicações: em 1984, os protocolos sobre *Haxixe* (tradução muito deficiente) e, também pela editora Brasiliense, *A origem do drama barroco alemão*, apresentada e traduzida por Sergio Paulo Rouanet (boa tradução, mas não isenta de vários erros); em 1984 ainda, pela editora Summus, a pequena coletânea *Reflexões: a criança, o brinquedo, a educação*, com alguns dos mais belos textos ditos "pedagógicos" de Benjamin. Em 1985, a coletânea de textos mais sociológicos de W. Benjamin, da editora Ática, organizada e traduzida por Flávio René Kothe (tradução bastante desigual, às vezes muito boa, às vezes com erros grosseiros); no mesmo ano, a Brasiliense publica o primeiro volume das *Obras escolhidas*, na tradução de Rouanet, com alguns dos textos essenciais de Benjamin sobre literatura e história; o segundo volume segue em 1987, com a excelente tradução de *Rua de mão única*, por Rubens Rodrigues Torres Filho; "Infância em Berlim por volta de 1900" e "Imagens do pensamento", na tradução (bastante deficiente) de José Carlos Martins Barbosa; este tradutor e Hemerson Alves Baptista publicam o terceiro volume, sobre Baudelaire, em 1989 (tradução igualmente bastante deficiente). Em 1986, a Cultrix e a Edusp publicam juntas escritos escolhidos de Benjamin: *Documentos de cultura* e *Documentos de barbárie*, na seleção de Willi Bolle, que conta com uma equipe cuidadosa de professores da Universidade de São Paulo para traduzir vários textos de crítica literária e política pouco conhecidos. Enfim, em 1989, a Companhia das Letras publica o *Diário de Moscou*, na tradução de Hildegard Herbold. Em 1993, um ano depois do centenário de nascimento de Benjamin, são publicados o belo volume de sua correspondência com Scholem nos anos 1930 (pela editora Perspectiva, com tradução de J. Guinsburg) e a tese de doutorado de Benjamin, *O conceito de crítica de arte no romantismo alemão* (na competente tradução de M. Seligmann-Silva). Quando se compara o número respeitável dessas traduções com a sua qualidade, muitas vezes precária, o leitor brasileiro só pode chegar à seguinte conclusão, nada restrita, aliás, ao caso específico de Benjamin: somente quando a profissão de tradutor for devidamente reconhecida no Brasil, poderemos exigir dos tradutores mais precisão e critério para poder contar com textos confiáveis; hoje, a maioria das boas traduções provém do paciente trabalho de universitários que se tornam tradutores ocasionais por dedicação ou paixão.

Sobre Walter Benjamin, citemos, ao lado de numerosos artigos, a simpática introdução de Leandro Konder, *Walter Benjamin: o marxismo da melancolia* (Campus, 1988), e a tese de doutorado de Olgária Matos, *Os arcanos do inteiramente outro: a escola de Frankfurt, a melancolia, a revolução* (Brasiliense, 1989) e *O iluminismo visionário: Benjamin, leitor de Descartes e Kant* (Brasiliense, 1993), ambos consagrados ao resgate de uma "razão barroca" em oposição a um conceito instrumental e restrito de racionalidade. Em 1993 foi publicado o livro de Willi Bolle, *Fisiognomia da metrópole moderna: representação da história em Walter Benjamin*. Podemos, por fim, mencionar o simpósio *Sete Perguntas a Walter Benjamin*, ocorrido no Instituto Goethe de São Paulo, em setembro de 1990, que contou com a participação de especialistas alemães e brasileiros; o interesse de um público numeroso e a vivacidade das discussões demonstraram o quanto os textos de Benjamin dão a perceber, imaginar e pensar nos tempos de crise e de crítica (as comunicações do simpósio foram publicadas em 1992, número 15 da *Revista USP*). Nessa ocasião, foi lembrada a descoberta de um pesquisador alemão que encontrou algumas cartas do historiador de literatura Erich Auerbach a Walter Benjamin: em 1935, Auerbach, que morava em Roma, fugindo do nazismo, recebeu da USP um pedido de informação sobre eventuais professores de literatura alemã dispostos a vir lecionar em São Paulo. Auerbach indicou o nome de Benjamin, que se interessou pela oferta. Não se sabe por que não se concretizou — mas pode-se sonhar à vontade ou inventar anedotas benjaminianas na Pauliceia. Os últimos anos vêm mostrando Walter Benjamin, que nunca conseguiu sair da velha Europa, chegando aqui às Américas.

Bibliografia

Em razão do tamanho deste livro, esta bibliografia não pretende ser exaustiva!

Edição alemã dos *Gesammelte Schriften* [*Escritos coletados*]:

GS. I-1, 2, 3: *Abhandlungen*. Eds. R. Tiedemann e H. Schweppenhäuser. Frankfurt am Main: Suhrkamp, 1974.
GS. II-1, 2: *Aufsätze, Essays, Vorträge*. Eds. R. Tiedemann e H. Schweppenhäuser. Frankfurt am Main: Suhrkamp, 1977.
GS. III: *Kritiken und Rezensionen*. Ed. Hella Tiedemann. Frankfurt am Main: Suhrkamp, 1972.
GS. IV-1, 2: *Kleine Prosa, Baudelaire-Übersetzungen*. Ed. Tilmann Rexroth. Frankfurt am Main: Suhrkamp, 1972.
GS. V-1, 2: *Das Passagen-Werk*. Ed. R. Tiedemann. Frankfurt am Main: Suhrkamp, 1982.
GS. VI: *Fragmente vermischten Inhalts. Autobiographische Schriften*. Eds. R. Tiedemann e H. Schweppenhäuser. Frankfurt am Main: Suhrkamp, 1985.
GS. VII-1, 2: *Nachträge*. Eds. R. Tiedemann & H. Schweppenhäuser. Frankfurt am Main: Suhrkamp, 1989.
GS. Supplement I: *Kleinere Übersetzungen*. Trad. W. Benjamin. Ed. R. Tiedemann. Frankfurt am Main: Suhrkamp, 1999.
GS. Supplement II: *Marcel Proust. Im Schatten der jungen Mädchen*. Trad. W. Benjamin e F. Hessel. Ed. Hella Tiedemann-Bartels. Frankfurt am Main: Suhrkamp, 1987.
GS. Supplement III: *Marcel Proust Guermantes*. Trad. W. Benjamin e F. Hessel. Ed. Hella Tiedemann-Bartels. Frankfurt am Main: Suhrkamp, 1987.

Uma nova edição crítica está em curso de publicação (novamente pela editora Suhrkamp, intitulada *Walter Benjamin: Werke und Nachlaß. Kritische Gesamtausgabe*), depois de a obra ter caído no domínio público e, sobretudo, depois de todo o espólio conhecido ser reunido no Benjamin Archiv, Akademie der Künste, em Berlim.

Esse arquivo cuida da documentação e está aberto a pesquisadores do mundo inteiro.

Pode-se consultar a publicação em curso no seguinte *link*: <*https://www.suhrkamp.de/werkausgabe/werke_und_nachlass_kritische_gesamtausgabe_gebunden_16.html*>.

A correspondência de Walter Benjamin é editada em seis volumes também pela Suhrkamp [Frankfurt am Main], Vol. I (1910-1918), 1995; Vol. II (1919-1924), 1996; Vol. III (1925-1930), 1997; Vol. IV (1931-1934), 1998; Vol. V (1935-1937), 1999; Vol. VI (1938-1940), 2000. Os editores são Christoph Gödde e Henri Lonitz.

Além desses seis volumes, existem coletâneas da correspondência específica entre Benjamin e Scholem [Frankfurt am Main: Suhrkamp, 1980], entre Benjamin e Adorno [Frankfurt am Main: Suhrkamp, 1994], Benjamin e Gretel Adorno [Frankfurt am Main: Suhrkamp, 2005].

Traduções em português:
Existem várias traduções avulsas de textos de Benjamin, desde a primeira recepção em 1968 do ensaio sobre "A obra de arte na época de sua reprodutibilidade técnica" [trad. N. Coutinho. Revista *Civilização Brasileira*, ano IV, n. 19-20, p. 271-283]. Por razões de espaço, cito aqui somente as coletâneas consagradas à obra de Benjamin.

Origem do drama barroco alemão. Trad., apres. e notas S. P. Rouanet. São Paulo: Brasiliense, 1984. (Col. Elogio da filosofia).

Haxixe. Trad. F. Menezes e N. Coutinho. São Paulo: Brasiliense, 1984.

Obras Escolhidas I – Magia e técnica, arte e política: ensaios sobre literatura e história da cultura. Trad. S. P. Rouanet. São Paulo: Brasiliense, 1985. [8. ed. rev. São Paulo: Brasiliense, 2012]
Obras Escolhidas II – Rua de mão única. Trad. R. R. Torres Filho e J. C. M. Barbosa. São Paulo: Brasiliense, 1987. [6. ed. rev. São Paulo: Brasiliense, 2012]
Obras Escolhidas III – Charles Baudelaire: um lírico no auge do capitalismo. Trad. J. C. M. Barbosa e H. A. Batista. São Paulo: Brasiliense, 1989.
Walter Benjamin. Antologia traduzida e anotada por R. F. Kothe. São Paulo: Ática, 1985.
Documentos de cultura, documentos de barbárie. Escritos escolhidos. Apres. e sel. W. Bolle. Trad. W. Bolle, C. H. M. R. Souza e outros. São Paulo: Edusp; Cultrix, 1986.
Diário de Moscou. Org. e notas Gary Smith. Pref. Gershom Scholem. Trad. H. Herbold. São Paulo: Companhia das Letras, 1989.
O conceito de crítica de arte no romantismo alemão. Trad., pref. e notas Márcio Seligmann-Silva. São Paulo: Iluminuras; Edusp, 1993.
Correspondência Benjamin-Scholem: 1933-1940. Trad. N. Soliz. São Paulo: Perspectiva, 1993.
Reflexões sobre a criança, o brinquedo e a educação. Trad. apres. e notas M. V. Mazzari. São Paulo: Duas cidades; Ed. 34, 2002.
Ensaios reunidos: escritos sobre Goethe. Trad. M. K. Bornebusch, I. Aron e S. Camargo. São Paulo: Ed. 34, 2009.
Passagens. Org. W. Bolle e Olgária C. F. Matos. Trad. I. Aron e C. P. B. Mourão. Belo Horizonte: Ed. da UFMG; São Paulo: Imprensa Oficial, 2006.

A editora Autêntica (Belo Horizonte) vem publicando todos os volumes da tradução portuguesa de João Barrento, pela

Assírio & Alvim (Lisboa), a partir de 2004. A tradução é boa, mas segue os ditames da Suhrkamp anteriores ao ano de 2010, isto é, antes da obra de Benjamin entrar em domínio público (e que suscitou tantas críticas e tantos debates que uma nova edição foi acordada).
A partir de 2010, novas coletâneas se tornaram possíveis, em particular pela editora Zouc de Porto Alegre (*A obra de arte na época de sua reprodutibilidade técnica*, 2. ver.).
E na Editora 34 está em curso uma edição crítica (com notas, introduções e glossário) cujo primeiro volume, lançado em 2011, se intitula *Escritos sobre mito e linguagem*: (1915-1921). [Org., apres. e notas Jeanne Marie Gagnebin. Trad. S. Kampff Lages e E. Chaves. São Paulo: Ed. 34; Duas Cidades, 2011].
A editora Hedra também promete novas edições.

Traduções em outras línguas:
Dentre as numerosas traduções de Benjamin em outras línguas, pode-se destacar:
Select writtings (1913-1926). Vol. I (Eds. M. Bullock e M. W. Jennings. Trad. R. Livingstone e outros) e *Select writtings (1927-1934)*. Vol. II (Eds. H. Eiland, M. W. Jennings e G. Smith. Trad. R. Livingstone e outros). Cambridge: Harvard University Press, 1999.
Œuvres I, II, III. Trad. M. de Gandillac, Rainer Rochlitz e P. Rusch. Paris: Gallimard, 2000 (2008). (Coll. Folio)

Sobre Walter Benjamin, no Brasil:
Bolle, Willi. *Fisiognomia da metrópole moderna:* representação da história em Walter Benjamin. São Paulo: Edusp, 1994.
Chaves, Ernani. *No limiar do moderno:* estudos sobre Friedrich Nietzsche e Walter Benjamin. Belém: Paka-Tatu, 2003.
Gatti, Luciano. *Constelações:* crítica e verdade em Benjamin e

Adorno. São Paulo: Loyola, 2009.
Castro, Cláudia. *A alquimia da crítica*: Benjamin e As afinidades eletivas de Goethe. Rio de Janeiro: Paz e Terra, 2011.
Couto, Edvaldo Souza e Damião, Carla Milani (Orgs.). *Walter Benjamin*: formas de percepção estética na modernidade. Salvador: Quarteto, 2008. (publicado com o apoio do Instituo Goethe de Salvador)
Damião, Carla Milani. *Sobre o declínio da "sinceridade"*: filosofia a autobiografia de Jean-Jacques Rousseau e Walter Benjamin. São Paulo: Loyola, 2006.
Gagnebin, Jeanne Marie. *História e narração em Walter Benjamin*. São Paulo: Perspectiva, 1994/1999.
_____. *Limiar, aura e rememoração*: ensaios sobre Walter Benjamin. São Paulo: Ed. 34, 2014.
Kampff Lages, Susana. *Walter Benjamin*: tradução e melancolia. São Paulo: Edusp. 2002.
Löwy, Michael. *Walter Benjamin*: aviso de incêndio. Uma leitura das teses "Sobre o conceito de história". Trad. W. N. Caldeira Brant. Trad. das teses J. M. Gagnebin e M. Lutz Müller. São Paulo: Boitempo, 2005.
Matos, Olgária. *O iluminismo visionário*: Benjamin, leitor de Descartes e Kant. São Paulo: Brasiliense, 1993.
_____. *Benjaminiana*: cultura capitalista e fetichismo contemporâneo. São Paulo: Ed. da Unesp, 2006.
Muricy, Katia. *Alegorias da dialética*: imagem e pensamento em Walter Benjamin. Rio de Janeiro: Relume Dumará, 1999.
Oliveira, Luís Inácio. *Do canto e do silêncio das sereias*: um ensaio à luz da teoria da narração de Walter Benjamin. São Paulo: Educ, 2008.
Palhares, Taísa. *Aura*: a crise da arte em Walter Benjamin. São Paulo: Barracuda, 2006.
Pressler, Günter. *Benjamin, Brasil — recepção de Walter*

Benjamin, de 1960 a 2005: um estudo sobre a formação da intelectualidade brasileira. São Paulo: Annablume 2006.
Rouanet, Paulo Sérgio. *Édipo e o anjo*: itinerários freudianos em Walter Benjamin. Rio de Janeiro: Tempo Brasileiro, 1981.
Scholem, Gershom. *Walter Benjamin*: história de uma amizade. São Paulo: Perspectiva, 1992.
Seligmann-Silva, Márcio. *Ler o livro do mundo*: Walter Benjamin, romantismo e crítica literária. São Paulo: Fapesp; Iluminuras, 1999.
_____. (Org.). *Leituras de Walter Benjamin*. São Paulo: Fapesp; Annablume, 1999. (2 ed. rev. e ampl., 2007).

Para quem puder ler alemão, duas coletâneas são fundamentais para avançar na pesquisa:

Benjamins Begriffe. Org. Michael Opitz und Erdmut Wizisla. Frankfurt am Main: Suhrkamp, 2000. 2 Vol.
Benjamin-Handbuch. Leben —Werk — Wirkung. Org. Burkhardt Lindner. Stuttgart: J. B. Metzler, 2006.

Posfácio

Ernani Chaves
Professor da Faculdade de Filosofia e do programa de pós-graduação em Filosofia da Universidade Federal do Pará

A publicação deste pequeno livro, no fim de 1982, constituiu um ponto de viragem na recepção brasileira do pensamento de Walter Benjamin. Por fazer parte da coleção Encanto Radical da editora Brasiliense, e de acordo com o espírito dessa coleção, o livro misturava vida e obra. Uma segunda edição, com uma atualização bibliográfica, foi publicada em 1993. Conhecido até então, e quase exclusivamente, pelas diferentes versões do seu mais famoso ensaio — *A obra de arte na época da reprodutibilidade técnica* —, Benjamin era alinhado como um dos mais importantes representantes de uma estética marxista. Não se tratava, é óbvio, de uma recepção tranquila e sem tensões. Muito pelo contrário, uma vez que grande parte de seus primeiros intérpretes não hesitavam em tomar o partido das severas críticas de Adorno, em especial aquelas dirigidas ao uso que Benjamin fazia do método dialético, herdado de Hegel e Marx.

O que fazia então a novidade deste livro?

De início, ele apresentava uma visão de conjunto do pensamento de Benjamin, inserido no contexto de sua época. Com isso, tratava-se de insistir no fato de que o pensamento de Benjamin acompanha as mais importantes transformações históricas das primeiras três décadas do século XX, as quais, certamente não por acaso, têm como epicentro a Alemanha: do fim da monarquia e do advento da República de Weimar, em meio à Primeira Grande Guerra, até a ascensão do nazismo e o começo da Segunda Guerra. Assim, o leitor brasileiro podia acompanhar a gênese do pensamento de Benjamin, não só a partir de sua breve mas intensa participação na *Jugendbewegung*, como também por meio dos conflitos próprios de sua geração de judeus assimilados até a dolorosa experiência do exílio, a partir de 1933.

Com isso, Jeanne Marie mostrava que a divisão estanque

entre o jovem Benjamin e o da maturidade — o primeiro, idealista e místico, e o segundo, materialista e revolucionário — não se sustenta. O que não quer dizer, evidentemente, que ambas as facetas não tenham existido, mas, sim, que uma espécie de "corte epistemológico" à maneira de Althusser, por meio do qual se tornou comum falar de um jovem Marx e de um jovem Hegel, por exemplo, em oposição à maturidade de ambos, não poderia dar conta da especificidade do pensamento de Benjamin. Mais ainda, para espanto dos seus leitores acostumados àquela leitura de um Benjamin marxista, Jeanne Marie vai mostrar que a crítica de Benjamin à historiografia literária burguesa antecede seu encontro com o marxismo, tal como o ensaio sobre *As afinidades eletivas*, de Goethe, já deixava bem claro. Por sua vez, a concepção de "alegoria", atravessada de historicidade, oposta à concepção clássica de "símbolo", central em *A origem do drama barroco alemão*, vai acompanhar o pensamento de Benjamin, sendo fundamental na sua leitura de Baudelaire, em textos emblemáticos da década de 1930. Se juntarmos o ensaio sobre Goethe e o livro sobre o drama barroco alemão, nos quais repercutem os primeiros textos de Benjamin sobre a linguagem (escritos em 1914), já veremos o quanto a relação entre linguagem e história ocupa um lugar privilegiado em seu pensamento.

Um outro aspecto importante e decisivo diz respeito ao modo como as relações entre Benjamin e o judaísmo são mostradas, mais especialmente com a mística judaica originada da expulsão dos judeus da Península Ibérica, cujo nome emblemático é o de Isaac Luria. A tese fundamental defendida por Jeanne Marie é que em Benjamin há uma diferença entre religião e teologia, entre os dogmas e preceitos da religião e a teologia como processo reflexivo que toma a religião como objeto, e de quem herdamos um modelo de hermenêutica absolutamente importante e necessário. Uma diferenciação que não surge, evidentemente, com Benjamin, mas que remonta à chamada *Aufklärung* judaica e ao nome de Moses Mendelssohn. Assim, é a teologia, antes de tudo, que fornece a Benjamin o modelo de crítica da ciência burguesa da literatura. Mas não qualquer teologia, e sim a judaica. Melhor ainda: não toda a teologia judaica, mas suas correntes místicas, em especial aquela defendida por Isaac Luria. A interpretação da Cabala — da qual a mística de Luria seria o exemplo mais radical — não busca o sentido último, definitivo, unívoco do texto. Pelo contrário, a origem divina de um texto, distinta de outras teologias cristãs, não é reconhecida pela existência dessa verdade última (pensemos em Paulo ou em Lutero), mas, sim, pela impossibilidade de redução do texto a um significado único e último. O comentário da Cabala não é, portanto, o que vai permitir o acesso à verdade última, mas é o exercício, humano, demasiado humano, de preparação para a "profundidade ilimitada" da palavra de Deus, para sua "leitura infinita", que o número místico sete ao quadrado, isto é, 49, simboliza. Interpretação, comentário, hermenêutica, texto, todas estas palavras nos remetem, agora sim, em última instância, à dimensão histórica da linguagem após a queda do Paraíso.

O resultado da utilização da tradição mística no contexto de uma leitura materialista dos textos literários é uma "contribuição absolutamente notável", diz Jeanne Marie Gagnebin, uma vez que permite ultrapassar os clichês que a crítica materialista insistia em reproduzir, ou seja, em diagnosticar a verdade de um texto como burguês, decadente ou proletário revolucionário. Em seu lugar, a possibilidade de descobrir novas camadas de sentido, até então ocultas, ignoradas, rechaçadas, recalcadas, de um texto. Por isso, Proust não será considerado um burguês decadente; Baudelaire, um católico conservador impregnado pelo espírito do simbolismo e Kafka, apenas um revoltado niilista. A "verdade da crítica" não consiste, por conseguinte, no fato de que a crítica pode nos restituir a plenitude da verdade na sua origem luminosa, mas, ao contrário, porque ela permite, por meio da interferência da história, trazer à tona camadas de significação ignoradas, recalcadas, submetidas, no processo de transmissão dos textos, às estratégias dominantes.

É só assim, portanto, que podemos entender que, mesmo em seu último texto, as "Teses" sobre o conceito de história, Benjamin continue recorrendo, explícita ou implicitamente, às referências teológicas, ou, ainda, que nos deparemos logo na primeira das Teses com a presença da "pequena e feia" teologia. Ora, nas poucas páginas deste capítulo, dedicado às relações com o judaísmo e o materialismo, não encontramos apenas um resumo das questões, dos debates eminentemente políticos que assombraram a geração dos jovens judeus alemães das famílias assimiladas em diversos graus, como a do próprio Benjamin. Época do advento do sionismo e do engajamento na *Jugendbewegung* (Movimento de Juventude), da qual o próprio Benjamin fez parte e na qual conheceu Gershom Scholem. A amizade com Scholem, sabemos, é neste aspecto decisiva, pois é por meio do amigo que Benjamin passa a conhecer, a partir das próprias fontes e da melhor bibliografia de apoio então existente, tanto a teologia quanto a mística judaica.

Mais uma vez, Jeanne Marie enfatiza o caminho que o próprio Benjamin seguirá em meio a estes debates: desconfia da esquerda socializante da *Jugendbewegung*, mas participa de sua crítica à sociedade burguesa; posteriormente, hesita em viajar para a Palestina, como fizera Scholem, mas também nunca se filia ao Partido Comunista. Essas desconfianças não significam, de modo algum, uma recusa à ação política ou ainda uma imobilidade niilista. Muito pelo contrário, elas se enraízam numa concepção teórica muito contundente, da qual Benjamin extrai os elementos que norteiam sua própria ação política. Jeanne Marie indica isso rapidamente, ao se referir ao pequeno texto de 1920-1921, o "Fragmento Teológico-Político" (jamais citado antes na recepção brasileira, diga-se de passagem!), no qual Benjamin critica a ideia de que o Reino de Deus se realizará na terra. Trata-se de criticar a possível coincidência entre o "real" e o "utópico", tal como pretendiam concretizar a qualquer custo os sionistas com o projeto de uma "Nova Jerusalém" ou os comunistas com a sociedade sem classes. O problema para Benjamin é justamente o "a qualquer custo". Ao custo, por exemplo, da tradição cultural burguesa considerada simplesmente como conservadora ou reacionária e mesmo ao custo do reconhecimento da importância decisiva das vanguardas estéticas (no famoso "debate sobre o expressionismo", por exemplo), tal como ele problematizará em tantos textos importantes, a partir do final da década de 1920. O "a qualquer custo", insisto, nos faria esquecer, assinala Jeanne Marie, "a dimensão *crítica* da ação política". Estamos diante, portanto, do problema da *crítica*, desta feita articulado diretamente com a questão da *política*.

Mas em que consiste exatamente a relação de Benjamin com o judaísmo? De que maneira ele o compatibiliza com a dimensão materialista, marxista de seu pensamento? A resposta de Jeanne Marie se encontra já no final do capítulo, após ter apresentado o embate de Benjamin com as correntes marxistas de sua época, no campo da estética, seja com

Lukács ou com Asja Lacis, aquela por cujas mãos ele conhecerá Brecht. Benjamin, mais uma vez, segue na contramão da teoria marxista da literatura, então dominante, baseada na "análise sociológica do meio do escritor e nos conceitos de realismo e reflexo". Ora, o que Jeanne Marie mais uma vez mostra bem é que essa dimensão crítica já estava formulada desde, no mínimo, a tese de doutoramento de Benjamin sobre o romantismo alemão. Ou seja, antes de seu contato com o materialismo dialético, Benjamin já tinha se afastado da concepção dominante de crítica professada, em especial, na universidade alemã, afastamento que lhe rendeu o fracasso de sua *Habilitation*. Nessa perspectiva, a ciência burguesa da literatura já havia sido criticada duramente por Benjamin, antes de seu encontro com o marxismo. Uma crítica centrada na dissociação entre a verdade do texto, que a crítica pretensamente deve encontrar, e a sua historicidade. Jeanne Marie recorre então a uma carta de Benjamin ao crítico literário suíço Max Rychner, na qual ele fala um pouco do caminho que o crítico deve percorrer para atravessar a espessura da obra, a fim não de encontrar sua verdade última, mas, ao contrário, de confrontar-se com sua historicidade, caminho que só poderia ser explicado por meio de uma metáfora teológica:

> Nunca pude pesquisar ou pensar senão num sentido, se me atrevo a dizê-lo, teológico — isto é, de acordo com a doutrina talmúdica dos quarenta e nove níveis de sentido de cada passagem da Torá.

A leitura e a interpretação de um texto implicam, por conseguinte, o reconhecimento de uma única verdade possível: a da sua incompletude, a do seu inacabamento, a da sua abertura do sentido.

Por fim, gostaria de assinalar que este pequeno livro também nasceu num contexto histórico bem preciso, num momento muito especial da recente história do Brasil, uma vez que sua primeira edição coincide com o final da ditadura militar, durante o processo chamado de "abertura política". Chegada havia pouco da Europa, por motivos "pouco acadêmicos", e como ela mesma declara na breve notícia biográfica no fim do livro, e pertencendo, conforme já declarou publicamente em algumas ocasiões, à geração de Maio de 1968, Jeanne Marie desembarca num Brasil ainda imerso nos nossos "anos de chumbo". Um Brasil ditatorial que ela também já conhecia pelas conversas e relatos de uma "testemunha" muito especial: Luís Travassos, o militante e ex-presidente da União Nacional do Estudantes, que havia sido trocado pelo embaixador americano em 1968 e que viveu em Berlim, onde Jeanne Marie o conheceu. Morto num acidente de carro em fevereiro de 1982, com apenas 37 anos de idade, foi à sua memória que Jeanne Marie dedicou seu primeiro livro no Brasil.

Esta dedicatória, profundamente benjaminiana — "À memória de *Luís Travassos*, que também deixou muitas esperanças a cumprir" —, faz parte do livro, o livro de algum modo a explica; ela constitui uma espécie de "imagem dialética", na qual se encontram — enfatizadas pelo "também" — a resistência ao nazismo e à ditadura militar brasileira, Portbou, a pequena cidade espanhola na fronteira com a França, onde Benjamin tirou a própria vida em 25 de setembro de 1940, e o Aterro do Flamengo, no Rio de Janeiro, onde o carro de Travassos capotou. Mais ainda: essa dedicatória, assim como este pequeno-grande livro sobre Walter Benjamin, ganha no Brasil de hoje uma terrível atualidade, na medida em que, mais uma vez, nos encontramos confrontados com uma escalada crescente de ideias muito próximas do fascismo e com vozes que reclamam o retorno da ditadura. Ou seja, mais uma vez, mais do que nunca, "as esperanças não realizadas do passado" nos convocam, nesse momento de perigo, para sua realização.

n-1

O livro como imagem do mundo é de toda maneira uma ideia insípida. Na verdade não basta dizer Viva o múltiplo, grito de resto difícil de emitir. Nenhuma habilidade tipográfica, lexical ou mesmo sintática será suficiente para fazê-lo ouvir. É preciso fazer o múltiplo, não acrescentando sempre uma dimensão superior, mas, ao contrário, da maneira mais simples, com força de sobriedade, no nível das dimensões de que se dispõe, sempre n-1 (é somente assim que o uno faz parte do múltiplo, estando sempre subtraído dele). Subtrair o único da multiplicidade a ser constituída; escrever a n-1.

GILLES DELEUZE E FÉLIX GUATTARI